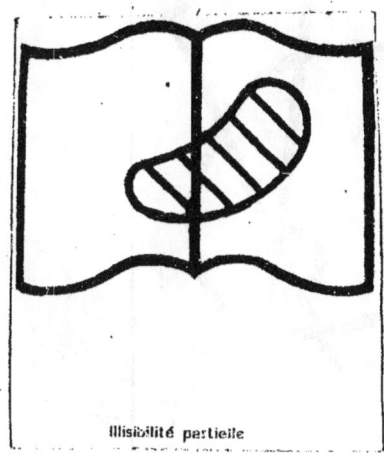

Illisibilité partielle

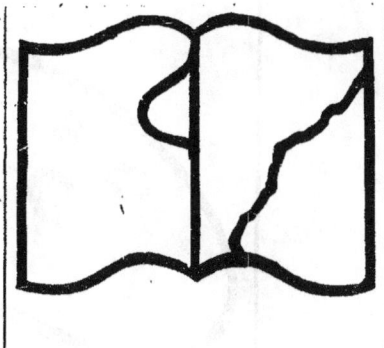

Texte détérioré — reliure défectueuse
NF Z 43-120-11

VALABLE POUR TOUT OU PARTIE
DU DOCUMENT REPRODUIT

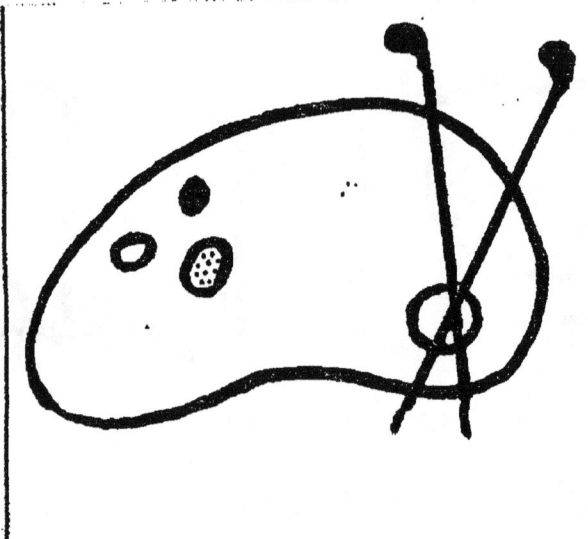
Couvertures supérieure et inférieure en couleur

COUVERTURES SUPERIEURE ET INFERIEURE D'IMPRIMEU

UNE
FLEUR AUX ENCHÈRES

LIBRAIRIE E. DENTU, ÉDITEUR

OUVRAGES DU MÊME AUTEUR

Collection grand in-18 jésus, à 3 francs le volume

La Sorcière Rouge, 3ᵉ édition . . . . . 3 vol.
Le Ventriloque, 3ᵉ édition. . . . . . . 3 vol.
Le Secret de la Comtesse, 4ᵉ édition . . 2 vol.
La Maîtresse du Mari, 4ᵉ édition . . . 1 vol.
Une Passion, 3ᵉ édition. . . . . 1 vol.
Le Mari de Marguerite, 13ᵉ édition . . . 3 vol.
Les Tragédies de Paris, 7ᵉ édition . . . 4 vol.
La vicomtesse Germaine, (suite des *Tragédies de Paris*) . . . . 3 vol.
Le Bigame, 6ᵉ édition. . . . . 2 vol.

Imprimerie DESTENAY, à St-Amand (Cher).

UNE FLEUR

AUX ENCHÈRES

PAR

XAVIER DE MONTÉPIN

TOME PREMIER

E. DENTU, ÉDITEUR
LIBRAIRE DE LA SOCIÉTÉ DES GENS DE LETTRES
PALAIS-ROYAL, 15, 17, 19, GALERIE D'ORLÉANS

1877

Tous droits réservés.

UNE
FLEUR AUX ENCHÈRES

Quelques mots d'avant-propos sont ici nécessaires.

L'écrivain qui signe ces pages n'appartient, de parti pris, à aucune secte littéraire.

Sans avoir le moins du monde la prétention d'être un des grands officiers de la littérature contemporaine, il ne marche cependant sous les drapeaux de personne. — Simple soldat, soit !... Mais simple soldat combattant pour son propre compte.

Ainsi que l'a dit Alfred de Musset :

Son verre est bien petit... mais il boit dans son verre...

Donc, l'auteur d'une Fleur aux enchères

ne doit se ranger, ni parmi les disciples de l'école du bon sens, ni parmi ceux de l'école de la fantaisie, ni parmi les séides de l'école réaliste.

Et cependant, le récit qu'il offre à ses lecteurs aujourd'hui les étonnera plus d'une fois par la violence de son réalisme.

Les faits qui vont être mis sous leurs yeux sont si vrais, que parfois ils leur sembleront invraisemblables.

Le but unique de cet avant-propos est de répondre en une seule ligne aux critiques qui pourront être formulées dans ce sens.

Cette ligne, la voici :

« La présente étude n'est ni un roman, ni un tableau de genre : c'est une photographie. »

PREMIÈRE PARTIE

I

SIX HEURES DU MATIN

— Monsieur !... monsieur !...
— Hein ?... quoi ?... qu'est-ce que c'est ?...
— Monsieur, il faut vous lever...
— Tu dis ?...
— Je dis, monsieur, qu'il faut vous lever...
— Tu rêves, Joseph !...
— Non, monsieur, ce n'est pas moi qui rêve...
ça serait plutôt vous...
— Quelle heure est-il donc ?
— Six heures du matin...
— Ceci est une déplorable plaisanterie, Jo-

seph !... depuis quand ai-je l'habitude de me lever avant l'aurore ?... — Sais-tu bien que nous sommes en plein décembre... — sais-tu bien qu'il neige et qu'il vente, et que mon thermomètre marquait, hier au soir, huit degrés au-dessous de zéro !...

— Oui, monsieur, je sais tout cela...

— Eh bien, si tu le sais, va-t'en au diable !...

— Non, monsieur, je n'irai point...

— Allons, imbécile, laisse-moi dormir...

— Ça ne se peut pas, monsieur...

— Et pourquoi cela, s'il te plaît ?...

— Monsieur oublie donc ?...

— Quoi ? drôle ! qu'est-ce que j'oublie ?

— Hier soir, en rentrant, à minuit moins dix minutes, monsieur m'a fait l'honneur de me dire comme ça :«—Joseph, c'est demain le 22 décembre. — Oui, monsieur. — Joseph, tu m'éveilleras à six heures du matin sans faute. — Oui, monsieur. — Joseph, si tu me laisses dormir seulement cinq minutes de plus, je te flanque à la porte. — Oui, monsieur, » et voilà pourquoi j'éveille monsieur à six heures sonnantes... Je veux bien que monsieur m'envoie au diable, mais je veux rester avec monsieur...

— Ah ! fichtre, c'est vrai !... — Ce que c'est

que le sommeil ! j'avais tout oublié !... — Tu as eu raison, Joseph, et je te vote des éloges...
— Allons, vite, allume du feu et prépare tout ce qu'il faut pour ma toilette ! — Je n'ai pas une seconde à perdre ! ce scélérat de chemin de fer d'Orléans est exact comme un chronomètre !...

Tout en prononçant ces derniers mots, un grand et beau jeune homme de vingt-six à vingt-huit ans, — que nous venons d'entendre dialoguer depuis un instant, mais que nous n'avons pas encore vu, — écarta brusquement les chaudes couvertures dans lesquelles il s'enveloppait jusqu'au menton, — sauta à bas du lit qu'il paraissait quitter avec un regret si vif et si naturel, — passa rapidement et serra sur ses hanches, au moyen d'une cordelière de soie, un pantalon du matin en flanelle rouge, — et enfin chaussa d'élégantes pantoufles placées sur une peau d'ours au pied de son lit.

Ceci terminé, il fit deux pas en avant, — s'arrêta, — écarta les jambes, — éleva vers le plafond ses deux bras étendus, et, dans la position d'un X majuscule, il se livra à trois reprises différentes à des bâillements longs et énergiques.

— Brr !... — fit-il ensuite en pirouettant sur

lui-même avec un frisson. — Quand on pense qu'il y a de misérables êtres, — et qu'il y en a beaucoup !... assez abandonnés du ciel et assez maltraités par la société pour être contraints de se lever tous les jours à pareille heure !... — Je ne sais pas quel est l'artiste ou l'écrivain qui prétendait ne pouvoir travailler qu'au point du jour... — Je n'admets cette anomalie qu'à la condition d'avoir veillé pendant la nuit toute entière, car je défie un homme d'esprit de n'être pas bête comme trente-six choux en s'éveillant à six heures du matin... — Quant à moi, il me serait impossible, complétement impossible, de coudre deux idées l'une au bout de l'autre !...

Notre jeune homme interrompit ce long monologue pour s'adresser à son domestique, auquel il dit :

— Allons, Joseph, rase-moi lestement, — tâche de ne m'orner le visage d'aucune estafilade, et cours ensuite me chercher un véhicule, — je crois que je suis médiocrement en avance...

Joseph, — puisque ainsi se nommait le valet, — se mit à l'œuvre aussitôt, et parut manier la savonnette et le rasoir avec toute la dextérité d'un Figaro émérite.

Profitons, s'il vous plaît, du moment où maitre et valet de chambre sont occupés tous deux, pour donner à nos lecteurs, sur l'un et sur l'autre, quelques détails nécessaires.

Et d'abord commençons, — selon la coutume des auteurs dramatiques, — par crayonner sans retard une rapide esquisse des lieux dans lesquels se passse la scène que nous racontons.

Lorsque le décor est bien connu, les personnages sont plus faciles à mettre en scène.

Nous avons dit déjà, — ou entendu dire, ce qui revient exactement au même, — que nous étions au 22 décembre et qu'il était six heures du matin.

Ceci posé, nous n'étonnerons personne en ajoutant que la pièce dans laquelle nous venons de pénétrer était éclairée en ce moment par les bougies d'un candélabre placé sur un petit guéridon.

Cette chambre assez vaste prenait jour sur la rue par deux fenêtres; elle était remarquable par une ornementation d'un goût bizarre, où les styles des époques les plus différentes se confondaient et se heurtaient dans une pittoresque disparate, sans cependant blesser l'œil d'un observateur et d'un connaisseur.

A coup sûr, cette pièce servait à la fois de chambre à coucher, de cabinet de travail et peut-être même de salon à son propriétaire.

Ainsi, au fond d'une large alcôve, se dressait un lit en vieux chêne, à colonnes torses supportant un lourd baldaquin précieusement sculpté.

Des rideaux épais d'un lampas oriental pourpre enveloppaient ce lit dans leurs plis roides et magistraux.

Une tenture de cuir de Cordoue à fond brun, semé de dessins arabesques d'un or rougi, garnissait les murailles.

La cheminée disparaissait presque entièrement, enfermée dans les rideaux d'un lampas pareil à celui du lit.

Au centre de la tablette de cette cheminée se dressait une pendule fort curieuse, en laque rouge, affectant la forme d'un obélisque ; — le cadran, constellé de chiffes indiens, occupait l'extrémité supérieure.

De chaque côté de cette bizarre horloge, venant en ligne directe de Bagdad ou d'Ispahan, brillaient deux coupes en vieil argent finement ciselées, — œuvres incontestables d'un élève de Benvenuto Cellini, — si même elles n'étaient pas sorties des mains habiles du maître lui-même.

Deux grosses potiches en vieux japon, d'un

merveilleux émail, — une charmante lampe à esprit-de-vin, destinée à allumer les cigares, — un pot à tabac en porcelaine de Chine craquelée, complétaient cette garniture de cheminée riche et originale.

Une large et belle glace de Venise, taillée à biseaux, s'inclinait dans son cadre d'ébène au-dessus de la pendule.

A gauche, un piédouche de Boule supportait un délicieux buste de la Dubarry, attribué à Coustou.

Autour de ce buste se voyait, contre les murailles, toute une collection d'écrans et de chasse-mouches aux couleurs éclatantes.

Un peu plus loin, un magnifique christ du moyen-âge, en ivoire jauni par le temps, étendait sur une simple croix de chêne ses bras amaigris aux veines saillantes.

A droite, un groupe en vieux sèvres, presque aussi charmant que les saxe de Dumas fils, — faisant pendant au buste de la courtisane quasi royale.

Un peu plus loin se voyait une délicieuse tête de jeune fille, — adorable pastel de Latour, — dans un cadre ovale, ciselé comme un joyau.

Un grand bahut en chêne, de style Louis XIII, — sombre et sévère comme le règne du cardinal-ministre, — occupait le panneau qui faisait face à la cheminée.

Au milieu de la pièce, un immense bureau de Boule, surchargé de livres, — de papiers, — d'albums, — de croquis, — et d'une foule d'accessoires qui révélaient d'une façon incontestable les occupations, ou du moins les goûts artistiques de son propriétaire.

Entre les deux fenêtres, un petit guéridon de bois de rose supportait un énorme candélabre en bronze florentin.

Les bougies de ce candélabre éclairaient en ce moment la pièce que nous décrivons.

Sur la tenture on pouvait admirer, — outre le pastel dont nous avons déjà fait mention, une Vierge de Tintoret, — une kermesse de Téniers, — un vieux soldat de Charlet, — des femmes turques au bain, de Diaz, — une réduction à la plume de la *Smala* d'Horace Vernet, — des Amours de Fragonard, — une scène amoureuse de Watteau, — une marine de Morel-Fatio et des chevaux d'Alfred de Dreux.

Puis, séparant chaque tableau, — des trophées de flèches des Maldives, — des lances indiennes, — des boucliers en écaille de tortue, — des armes arabes, — des pertuisanes, — des casques du douzième siècle, — et des arquebuses et des épées de combat.

Les siéges consistaient en un large divan de forme turque, recouvert en étoffe indienne, — en deux fauteuils, — trois chauffeuses et quelques poufs.

Les rideaux des fenêtres étaient en soie à larges rayures algériennes, de couleurs vives et tranchées.

Deux portières de même étoffe retombaient sur deux portes placées l'une en face de l'autre.

Ajoutons, pour compléter par une dernière touche la description de cette pièce excentrique, que le plafond représentait un ciel nuageux, peint avec une remarquable vérité de tons, et sur lequel voltigeaient une douzaine d'oiseaux au plumage étincelant, suspendus par des fils imperceptibles.

En soulevant la portière de droite, on pénétrait dans un petit réduit garni de tablettes sur lesquelles s'étalaient une multitude de fioles étiquetées, des cornues, des alambics, bref, tous les instruments nécessaires pour l'étude pratique de la chimie.

Un fourneau de grandes proportions, recouvert d'un toit incliné, occupait un angle de cette petite pièce.

La portière de gauche donnait accès dans un vaste atelier muni de tout l'attirail de la peinture et riche de ces fantastiques ornementations qui font la joie des artistes.

Nous ne pouvons nous embarquer dans une description détaillée de cette espèce de vaste bazar, où l'art et la fantaisie de tous les âges et de tous les pays avaient des représentants authentiques.

Il recevait la lumière d'un châssis vitré, masqué à demi par un store mobile en serge verte.

Deux portes dérobées établissaient les communications, l'une avec l'antichambre de l'appartement, l'autre avec un petit escalier de service affecté spécialement aux modèles des deux sexes.

— Disons, — pour en finir sans plus de retard avec ces descriptions locales, — que l'appartement dans lequel nous venons de transporter nos lecteurs était situé au cinquième étage d'une belle maison de la rue Pigale.

Six heures trois quarts sonnaient à l'affreux clocher de Notre-Dame-de-Lorette au moment précis où notre jeune homme terminait sa toilette matinale.

Il s'enveloppa frileusement dans les quadruples plis d'un énorme cache-nez, — il endossa un pardessus qui pouvait lutter d'ampleur et d'épaisseur avec ceux de notre ami Méry, et il alluma un cigare.

Le valet de chambre, tout grelottant et dont le nez était presque aussi rouge que la veste, apparut à l'une des portes.

— Eh bien, — lui demanda son maître, — est-ce que la voiture est en bas ?

— Oui, monsieur, — répondit le domestique, — mais je ne l'ai pas eue sans peine, — les cochers de la station voisine ne voulaient pas atteler.

— Et, comment les as-tu décidés ?

— Dame ! j'ai promis un bon pourboire...

Après avoir entendu cette réponse, le jeune homme sortit de la chambre en riant, — descendit les cinq étages, — ouvrit la portière d'un coupé de louage qui stationnait devant sa porte, et sauta lestement dans l'intérieur.

— Où allons-nous, bourgeois ? — demanda le cocher en s'approchant.

— Au chemin de fer d'Orléans, — et bon train !...

— Plus que ça de ruban de queue !... — grommela l'automédon, en remontant sur son siége avec cette mauvaise humeur chronique qui forme un des traits saillants du caractère de messieurs les cochers de régie. — Hue ! Cocotte !... — cria-t-il encore à son cheval en l'enveloppant dans un coup de fouet bien appliqué; — allons, hue !...

La malheureuse bête, — brusquement arrachée aux douceurs de son picotin matinal, — se tortilla pendant un instant dans les brancards, et finit par se décider à prendre une allure à peu près satisfaisante.

Une demi-heure après, le coupé s'arrêtait à l'embarcadère du chemin de fer d'Orléans, — côté de l'arrivée.

II

BONHEUR DE SE REVOIR

Le jeune homme descendit de voiture, donna l'ordre au cocher de l'attendre, puis, apercevant un employé qui traversait la gare, il lui demanda :

— Auriez-vous, monsieur, l'obligeance de me dire si le train express est arrivé ?...

— Pas encore, monsieur, répondit l'employé en s'arrêtant, — mais dans vingt-deux minutes vous entendrez le sifflet de la locomotive, — ajouta-t-il en regardant sa montre.

Le jeune homme le remercia du geste, et allumant un second cigare aux débris du premier, il se mit à arpenter dans tous les sens le grand vestibule qui longe les salles d'attente.

— Pardieu ! — se disait-il à demi-voix, tout

en battant vigoureusement la semelle pour ramener un peu de chaleur à ses extrémités engourdies, — si j'avais pu me douter que je serais de vingt-deux minutes en avance, que le diable m'emporte si je n'eusse pas dormi de bon cœur un bon quart d'heure de plus ! — Il fait véritablement un froid de Laponie dans cette maudite gare, et je ne connais rien de si désagréable que la nuit du matin !... — Enfin, puisqu'il faut attendre, attendons !...

Et sur cette conclusion éminemment philosophique, il continua sa promenade avec plus d'acharnement que jamais.

Maintenant, — avec la permission de nos lecteurs, — nous allons combler l'espace de temps qui nous sépare encore de l'arrivée du train si impatiemment attendu par notre promeneur matinal en faisant avec ce dernier une plus intime et plus parfaite connaissance.

Nous avons décrit avec quelque soin l'intérieur de l'appartement de la rue Pigale.

Il est aussi indispensable, — du moins nous le croyons, — de crayonner le portrait du maître.

Nous avons déjà dit que c'était un *beau* garçon d'environ vingt-six à vingt-huit ans, et peut-être nous avons eu tort d'employer cette épithète de *beau*, qui ne donne pas une idée exacte de l'ensemble du personnage que nous mettons en scène.

Sa physionomie était plutôt intelligente que belle, — ses traits plutôt agréables que réguliers.

Grand, très-mince, bien découplé et de tournure élégante, il avait des extrémités fines et correctement attachées.

L'ovale du visage était allongé, — le front haut, — les racines des cheveux admirablement plantées.

Les yeux, d'une grandeur moyenne, mais bien fendus, offraient des prunelles noires et vives dont le rayonnement spirituel animait la physionomie.

La bouche, peut-être, était un peu grande, et le nez un peu long, — mais une magnifique barbe brune ombrageait les joues, et cette barbe, extrêmement soignée et finement rasée sous le menton, se joignait aux angles externes des lèvres avec une moustache soyeuse recourbée en croc, et encadrait heureusement la figure dans ses massifs réguliers.

Peu soucieux des exigences si souvent ridicules de la mode, notre héros s'habillait selon sa fantaisie, et surtout suivant sa commodité.

Cependant, si parfois sa mise était originale, elle n'était jamais ni exagérée ni excentrique.

Il se nommait Maurice Torcy.

Il avait perdu son père dans les premières années de sa jeunesse.

Elevé par les soins de sa mère qui l'adorait, il s'était trouvé, en sortant du collége, le maître de choisir une carrière, et il avait dès lors manifesté un goût très-vif pour les beaux-arts.

Bientôt Camille Roqueplan, — de si regrettable mémoire, — le compta parmi ses élèves, et, reconnaissant en lui le zèle, l'aptitude, la passion de l'art et l'amour du travail, il lui prédit un brillant avenir s'il persévérait dans ses laborieuses études.

Maurice devait réaliser bien vite la prédiction du maître.

A vingt et un ans, il partait pour l'Italie.

Là, il s'inspirait de la vue et de l'étude des toiles splendides que nous a léguées le génie des morts immortels de toutes les écoles italiennes ; — il se liait avec des artistes de mérite dont les goûts éclairés et les sages conseils développaient encore en lui ses facultés naissantes, et au bout de deux ans d'un travail consciencieux, il revenait à Paris, et il se faisait représenter au salon par une toile remarquable et remarquée.

Au milieu des premiers enivrements de la réussite, un grand et irréparable malheur vint le frapper.

Il perdit sa mère.

Maurice avait voué à cette femme excellente un attachement profond et sans bornes.

Son adoration pour sa mère était tout à la fois un amour et un culte ; — aussi fut-il en quelque sorte foudroyé et anéanti par cette mort qui faillit accomplir ce que n'avaient pu faire les déceptions de tout genre qui accueillent l'artiste à ses débuts dans la carrière.

Un profond, immense, invincible découragement s'empara de lui et le domina.

Ses amis, craignant que ce désespoir sombre et terrible ne le poussât au suicide ou à la folie, firent tout au monde, mais vainement, pour l'arracher à sa douleur.

Pendant six mois Maurice vécut seul, dans une séquestration presque complète, refusant avec obstination de recevoir ses meilleurs amis et n'ayant plus la force morale nécessaire pour faire surgir une idée dans son cerveau.

Ses yeux rougis par les larmes et gonflés par l'insomnie demeuraient fixes et sans expression en face de la page blanche d'un album; — son crayon tournait entre ses doigts, sans même chercher à tracer les lignes hardies d'un dessin original.

Parfois il copiait machinalement, — mais il ne composait plus.

Enfin une fièvre cérébrale des plus violentes résulta de ce bouleevrsement absolu de l'organisme.

Pendant trois mois entiers, Maurice fut sur ce pont fragile et glissant qui sépare la vie de la mort, mais enfin la jeunesse prit peu à peu le dessus, — l'existence rentra dans ce corps qu'elle avait presque abandonné.

Maurice revint à la santé et à la force, — le cœur toujours ulcéré par la perte qu'il avait faite, mais l'esprit guéri.

Un voyage de quelques mois en Espagne vint achever sa convalescence, et l'artiste revint à Paris avec un portefeuille bien garni de nouvelles et curieuses études et une imagination enflammée par les chaudes perspectives et les poétiques aspects du splendide pays qu'il venait de visiter.

Il se remit au travail avec ardeur, et de

nouveau le succès vint couronner ses efforts.

Sa mère, en mourant, lui avait laissé pour toute fortune les revenus d'une petite maison qu'elle possédait dans l'un des faubourgs de Paris.

Ces revenus étaient d'environ quatre mille francs.

Maurice, par son travail, en gagnait à peu près dix mille.

Insouciant, comme presque tous les véritables artistes, ne sachant, en fait de calculs financiers, que bien juste ce qu'il fallait pour équilibrer à peu près ses revenus avec ses recettes, — il n'avait jamais songé, pas plus que la cigale de la fable, à économiser sur le présent pour dorer l'avenir.

Il ne faisait point de dettes, mais il dépensait exactement les revenus de son immeuble et ceux de son pinceau, et lorsque, à la fin de l'année, il s'était clairement démontré qu'il avait joint les deux bouts, il se félicitait naïvement de son admirable conduite et il se votait, à l'unanimité, de chaleureux éloges.

Bon, sociable, obligeant, il regardait comme autant d'amis tous les gens auxquels il serrait la main, et comme il n'avait jamais eu besoin de recourir à eux, tandis qu'au contraire il était venu souvent à leur aide, l'occasion de se heurter contre une désillusion quelconque lui avait fait défaut jusque-là.

Donc, Maurice était prodigue d'amitié ; mais, en revanche, un autre sentiment, l'amour, n'avait tenu jusqu'alors que bien peu de place dans sa vie.

Quelques *éternelles* passions de trois mois, — parsemées de nombreuses infidélités réciproques, — avaient de loin en loin occupé, sinon son cœur, du moins sa tête.

Aussi, — bien portant de corps, — libre de cœur, — dispos d'esprit, il avait une humeur toujours égale et gaie, et ses moments de tristesse et d'absorption provenaient uniquement des regrets toujours vivants que lui causait la perte de sa mère.

Au moment où nous mettons Maurice en scène, trois ans s'étaient écoulés déjà depuis l'époque où il avait subi cette perte irréparable, et il s'occupait activement de la réalisation du rêve le plus choyé de sa vie artistique, — nous voulons parler d'un tableau qui devait, pensait-il, le placer d'un seul coup parmi les plus brillantes étoiles de la jeune pléiade contemporaine.

Depuis bien longtemps déjà l'idée mère de ce

tableau mûrissait dans sa tête en feu ; — bien des fois déjà sa main fiévreuse en avait ébauché la composition en traits rapides et saccadés, sur le papier et sur la toile.

Nous connaîtrons plus tard, — bientôt sans doute, — le résultat de ces nombreux essais.

Quant à présent, nous allons rejoindre Maurice dans la gare du chemin de fer d'Orléans, où il poursuit sa promenade impatiente. — Et maintenant que nos lecteurs connaissent à fond la situation morale, la position sociale et le physique de notre héros, rien ne nous empêche de reprendre, pour ne plus le quitter, le fil de notre récit.

Maurice achevait son second cigare et s'apprêtait, pour calmer les ennuis de l'attente, à en allumer un troisième, lorsque le sifflet strident de la locomotive retentit dans le lointain, répercuté cent fois par les arceaux sonores de la coupole vitrée du débarcadère.

Le train express arrivait.

Maurice se dirigea tout aussitôt vers la salle où stationnaient les préposés de la douane et de l'octroi, et grâce à la bienveillance d'un de ces derniers, il put pénétrer dans l'intérieur même de la gare.

Il y entrait à peine, que le train débouchant

dans l'embarcadère s'avança d'une allure majestueusement ralentie, et que les voyageurs impatients, montrant aux portières leurs têtes curieuses, quoique encore endormies, s'élancèrent les uns après les autres des wagons immobilisés, tandis que la machine râlait son dernier souffle, comme un cheval de course épuisé qui vient de rentrer à l'écurie après avoir fourni victorieusement une carrière rude et longue.

Un des premiers qui s'échappèrent de leur compartiment fut un jeune homme blond de cheveux, rose de teint, — à la mine éveillée et aux allures vives et franches.

Chaudement enveloppé dans un paletot gris à longs poils, — la tête couverte d'une casquette de voyage enfoncée jusqu'aux oreilles, — tenant à la main un nécessaire de voyage en cuir écru, et portant sous le bras un énorme portefeuille noir tout bourré de papiers, — il se dirigea rapidement vers la salle des bagages.

En l'apercevant, Maurice courut au-devant de lui.

— Gilbert! lui cria-t-il, — par ici, mon ami, par ici!...

— Maurice! — répondit l'arrivant en se jetant dans les bras de l'artiste et en l'embrassant avec effusion. — Comment, mon cher et bon Maurice, te voilà !...

— Je crois bien que oui, mon ami Gilbert.

— Ah ! sacrebleu ! cela est vraiment trop gracieux à toi d'être venu à ma rencontre par un semblable froid et à pareille heure !... Ma foi, je ne t'attendais guère !...

— Ne m'avais-tu pas écrit que tu arrivais ce matin ?

— Sans doute ; mais je t'avoue que je n'espérais pas te trouver au débarcadère...

— Tu vois bien que tu te trompais.

— D'abord, on se trompe toujours quand on ne te suppose pas capable des prévenances les plus charmantes !...

— Flatteur !...

— Eh non ! tu sais bien que j'ai raison...

Les deux jeunes gens échangèrent une nouvelle poignée de main, puis celui que nous venons d'entendre nommer Gilbert poursuivit, en tirant de son porte-monnaie son bulletin de bagages et en détachant les courroies d'une malle importante :

— Je vais me faire visiter, et ensuite je suis tout à toi.

Et il héla un douanier qui ne se fit point attendre.

— N'avez-vous rien à déclarer ? — lui demanda ce préposé d'un ton solennel.

— Je vous déclare que je suis enchanté de me trouver ici, — répondit le jeune homme en riant ; — je ne suppose pas que ma satisfaction légitime paye des droits d'entrée dans Paris.

Bon enfant, malgré son air grave et gourmé, le douanier daigna sourire.

Sans se donner la peine de procéder à une fatigante et minutieuse perquisition, il traça, sur le couvercle de la malle, un signe hiéroglyphique à l'aide d'un morceau de craie blanche. — Gilbert jeta cette malle sur l'épaule d'un commissionnaire, — il prit le bras de son ami, et tous deux gagnèrent la cour où attendait le coupé qui avait amené Maurice.

Quelques minutes après, ils roulaient de compagnie dans la direction de la Bastille.

— Donne-moi vite des nouvelles de ton excellente mère, — avait dit Maurice en prenant place dans l'intérieur de la voiture.

— Merci, cher ami, — répondit Gilbert, — la santé de ma mère est plus que jamais excellente. — Cette bonne mère habite toujours la petite maison que tu connais et qui domine la rade de Brest. — Pas un navire n'entre dans le port, pas un vaisseau ne prend la mer sans qu'elle en constate, du haut de son balcon, l'entrée et la sortie.

— Comment donc a-t-elle pu se décider à te laisser revenir à Paris, elle qui, lors de ton premier et unique séjour dans la grande ville, n'a pas voulu se séparer de toi pendant plus de trois mois?...

— Oh! mon cher, c'est là le sujet de toute une histoire que je te raconterai plus tard, — si tu le permets, — car, quant à présent, je meurs de faim et je tombe de fatigue. — Douze heures consécutives de chemin de fer, de Nantes à Paris, précédées du trajet en diligence de Brest à Nantes, ne vous laissent que très-médiocrement la jouissance de vos facultés intellectuelles.
— Ce qui m'importe en ce moment, c'est de savoir où tu me conduis.

— Comment! où je te conduis?...

— Mais il me semble...

— Je te conduis chez moi, — ou plutôt chez toi... — interrompit Maurice.

— Comment! tu ne me mènes pas à l'hôtel?...

— Non, certes! — Tu m'annonçais dans ta dernière lettre que ton séjour à Paris durerait au moins une année, — J'ai pensé que ce laps de temps était assez long pour qu'il fallût songer à t'installer confortablement. — Un petit logis de garçon était vacant dans la maison que j'habite, — je l'ai loué, — j'y ai fait apporter quelques meubles, et à l'heure qu'il est tout est prêt pour t'y recevoir... Tu trouveras chez moi, ce matin, lit, bon feu et table mise. — Cela te convient-il?...

— Si cela me convient? — Mais je le crois bien que ça me convient!... c'est-à-dire que je trouve ton idée admirable!... de cette façon, nous allons presque vivre ensemble.

— J'y compte bien !...

— Oh ! la bonne et charmante existence que nous allons mener !...

— Délicieuse !

— C'est-à-dire que, d'avance, l'eau m'en vient à la bouche ! — Cette année passera comme un songe !...

— Me permets-tu une question ?

— Non pas une, mais dix, mais cent.

— Eh bien, mon cher, ce gros portefeuille que je vois sous ton bras pique singulièrement ma curiosité...

— Ah ! ah ! — fit Gilbert avec un sourire, — tu l'as remarqué ?

— Dame ! à moins d'être complétement aveugle...

— Le fait est qu'il est monumental, — je ne fais point difficulté d'en convenir.

— Que diable contient-il donc ? — Serait-il, par hasard bourré de billets de banque ?

Gilbert prit un air au moins aussi solennel que celui du douanier dont nous avons constaté la dignité dans l'exercice de ses fonctions.

Il frappa sur le portefeuille, et il répondit :

— Là-dedans, mon cher, il y a mieux que des billets de banque... — il y a le fruit de dix-huit mois de travail, — il y a la gloire et la fortune de l'avenir, — il y a des millions peut-être, — peut-être l'immortalité...

— Une source du Pactole... une tranche de Pérou... un bras du Sacramento... une fraction des placers californiens...

— Il y a, — poursuivit Gilbert avec un redoublement de gravité, — il y a là dedans une comédie en trois actes et en prose pour le Théâtre-Français, et le plan d'un drame en cinq actes et non moins en prose pour la Porte-Saint-Martin...

— Ah çà ! mais... — s'écria Maurice, — que me dis-tu là ?...

— L'exacte vérité.

— Tu fais donc de la littérature ?

— C'est sur elle que je compte pour aller à la postérité en ta compagnie...

— A la bonne heure !... mais au moins ce n'est pas sur elle que tu comptes pour *rouler carrosse* ici-bas ?

— Et pourquoi cela ?... J'espère bien vivre de ma plume...

— Et, surtout, des dix bonnes mille livres de rente que ta mère te conserve.

— Crois tu donc, Maurice, que je ne pourrai point parvenir à la fortune en suivant la noble carrière des lettres ?...

— Je ne crois rien ; mais j'imagine que ce n'est pas sur la réussite de tes espérances littéraires que tu hypothèques tes diners quotidiens de la présente année ?...

— Mais, à te vrai dire, je ne pense pas m'illusionner beaucoup en espérant retirer de mon travail quelques bénéfices immédiats. — Je n'ai même accepté qu'à mon corps défendant une traite de mille écus que ma mère m'a donnée sur un des banquiers de Paris. Je voulais arriver ici avec quelques louis seulement, — le temps de présenter ma comédie, — de la faire recevoir et mettre en scène. Oh ! tu verras, mon cher Maurice, tu verras, aussitôt que j'aurai fait les démarches nécessaires, comme on reconnaitra vite la valeur de mon œuvre !... — Avant trois mois tout Paris applaudira mon nom, et, chaque soir, de magnifiques droits d'auteur viendront faire déborder ma caisse...

— En attendant ces succès, dont je te vois si certain, — fit Maurice en souriant, — nous allons déjeuner, car nous voici arrivés.

— Est-ce que tu demeures loin du Théâtre-Français? — demanda Gilbert avec quelque inquiétude en descendant de voiture.

— Pas extrêmement, — un quart d'heure ou vingt minutes, à pied.

— C'est que, vois-tu, je compte dès demain aller prendre l'air des bureaux et solliciter une lecture...

— Au moins, tu ne perds pas de temps, toi, mon cher !

— Il me faut une décision avant huit jours !...

— Si tu l'obtiens avant la fin de l'année, tu seras diantrement favorisé ! — murmura l'artiste tout en payant le cocher.

Puis, se tournant vers son ami qui n'avait pas quitté son précieux portefeuille, il ajouta !

— Allons, montons chez moi ; — mon domestique va descendre chercher ton bagage.

Cinq minutes plus tard, les deux amis, attablés devant un excellent déjeuner et en présence d'un feu pétillant, vidaient une bouteille de vieux vin de Bordeaux pour célébrer le plaisir qu'ils éprouvaient en se retrouvant ensemble.

III

RÉCIT COMMENCÉ

— Veux-tu que je t'offre à l'instant même un échantillon de ma comédie?... Deux ou trois cents lignes, seulement? — demanda Gilbert, tout en savourant à petites gorgées l'excellent café que Joseph venait de verser dans une charmante petite tasse de vieux japon placée devant lui.

— Plus tard, plus tard, mon ami, — répondit en riant Maurice qui roulait entre ses doigts une cigarette avec toute la proverbiale habileté d'un toréador émérite. — Je t'avoue franchement que je serais en ce moment un auditeur très-profane et très-inattentif, et, par conséquent, tout à fait inhabile à saisir et à apprécier les grâces de ton style et le charme de ton esprit. — Avant de connaître le résultat, sans doute heureux, de tes travaux, je serais extrêmement désireux d'apprendre par quelle série de circonstances tu es arrivé à vouloir te faire un nom dans les lettres. Il y a trois ans que nous ne nous sommes vus, et, à cette époque, s'il m'en souvient bien, tu te montrais disposé à entreprendre des opérations commerciales semblables à celles qui ont permis à ton père d'amasser honorablement une jolie fortune dans les armements maritimes. — N'avais-tu pas l'intention de t'associer avec l'un des principaux armateurs de Brest?...

— Mon cher ami, ta mémoire est fidèle et tes souvenirs te servent avec une exactitude merveilleuse...

— Tu en conviens ?

— Parfaitement.

— Explique-moi donc comment et pourquoi un changement si absolu s'est manifesté dans tes idées et t'a brusquement jeté dans une voie si différente de la première.

— Il me serait facile, tu le comprends, de te faire à ce sujet une longue tirade, très-montée de ton, très-flamboyante de style, très-inspirée, très-poétique, au sujet de la révélation instantanée de ma vocation littéraire... Je pourrais te parler de la langue de feu descendant sur mon front pendant mon sommeil, et ajouter, en travestissant un beau vers de M. de Lamartine :

Quand je me réveillai, j'étais poëte !...

Je préfère t'avouer tout bonnement, tout franchement, tout rondement, la simple et prosaïque vérité... Peut-être bien y perdrai-je quelque peu de mon prestige à tes yeux...

— Rassure-toi à cet égard, — intérrompit Maurice en riant, — ce prestige n'existe pas encore, — je ne te vois aucune auréole...

— A la bonne heure ! — Dans tous les cas, je préfère que tu croies moins à ma vocation et plus à ma confiance, et je te confesse que l'amour des belles-lettres me fut inspiré par un autre amour...

— Ah ! ah !... Ainsi donc, vous êtes amoureux, monsieur le poëte ?...

— Très-parfaitement ! — Je suis épris, — comme on disait jadis, — d'une belle et charmante jeune fille, dont mon cœur reproduit sans cesse l'image, ainsi qu'un fidèle daguerréotype, et dont le souvenir occupe incessamment ma pensée.

— Je demande une explication, et surtout des détails...

— Je vais te donner l'un et l'autre.

— Fort bien.

— Explication et détails seront peut-être un peu longs...

— Tant mieux !

— C'est que, vois-tu, je n'aime pas à ce qu'on vienne m'interrompre au plus beau moment.

— Je te consacre toute ma journée, et rien ne viendra nous interrompre... du moins je l'espère...

— A merveille !...

— Parle donc avec tout autant de développements oratoires que tu le jugeras convenable. — Ton récit sera bien accueilli et religieusement écouté.

— Bravo ! — tu es un auditeur comme je les aime !...

— Fichtre ! tu n'es pas difficile ! — Ces messieurs les orateurs de la chambre législative et du sénat voudraient bien, quand ils montent à la tribune, rencontrer quelques auditeurs aussi favorablement disposés que moi.

— Je ne suis point à la tribune, et je me passerai d'eau sucrée ; — seulement, verse-moi, je te prie, un petit verre de ce vieux rhum, dont j'apprécie, après le copieux déjeuner que tu viens de m'offrir, les qualités toniques et digestives...

— Voici...

— Donne-moi un cigare...

— Voilà.

— Un peu de feu, s'il te plait...

— La lampe à esprit-de-vin est sous ta main.

— Allons, tout est décidément pour le mieux dans le meilleur des mondes, comme au temps de Pangloss. — Mon rhum est absorbé, — mon cigare est allumé, — je commence...

— Et moi j'écoute...

— Tu sais que, lorsque j'eus le malheur de perdre mon père, j'étais encore au collége?

— Je sais cela.

— J'avais quinze ans à peine, et ma mère, ne pouvant continuer seule la gestion de notre maison de commerce, se décida à la vendre à l'un de nos parents...

— Tu m'as déjà raconté cela dix fois.

— Que diable! mon cher, laisse-moi donc commencer par le commencement! — Toute pièce bien faite doit avoir son exposition au premier acte! — Le chemin que je prends est un peu long, c'est vrai, mais c'est le seul qui me conduise au but...

— Va donc! je ne t'arrêterai plus.

— Merci. — Donc ma mère vendit, mais elle me réserva par une clause spéciale le droit de pouvoir, moyennant un apport de fonds arrêté d'avance, m'associer au nouvel acquéreur lorsque j'aurais atteint ma vingt-troisième année.

— C'était sage et prudent, c'était la pensée et l'acte d'une bonne mère...

— Tu sais si ma mère est prudente et bonne... Dès que j'eus terminé mes études, j'entrai dans la maison de commerce en qualité de commis, dans le but de me mettre le plus promptement possible au courant des affaires et de pouvoir ainsi rendre l'association projetée réalisable et fructueuse...

— Je crois me souvenir, — interrompit Maurice, — que ton voyage à Paris devait précéder de quelques mois seulement ton entrée définitive dans l'ancienne maison de ton père en qualité de coassocié...

— Tu te souviens bien; mais tu devrais ajouter, mon cher ami, que ce voyage dont tu parles a eu lieu au commencement de l'année 1848, que quinze jours après notre retour à Brest la république était proclamée, et qu'en

Bretagne comme à Paris, au lieu de faire des affaires, on cassait les vitres en criant :

— Des lam-pions !... — des lam-pions ?... — des lam-pions !...

— Donc, — poursuivit Gilbert, — cette révolution dont on avait tant espéré et qui, comme l'enfer, était pavée de bonnes intentions, porta au commerce un coup terrible, et que tout le monde, alors, croyait devoir être mortel. — Nos ports de mer s'en ressentirent cruellement.

— Les faillites et les ruines complètes se succédèrent de toutes parts. — Les maisons les plus solides chancelèrent sur leur base ébranlée, et la panique fut plus grande encore dans les provinces de l'Ouest qu'à Paris... — Bref, le successeur de mon père ne fut pas plus épargné que ses malheureux confrères...

Il eut à subir des pertes immenses.

Cependant, grâce à son importante fortune personnelle, grâce aussi à sa probité sans tache et à sa réputation bien établie, il trouva le moyen de faire face à tout et il ne succomba pas.

En face de cet effroyable cataclysme commercial, ma pauvre mère s'effraya pour l'avenir.

Nous ne possédons que dix mille livres de rentes, comme tu le sais.

Pour faire l'apport convenu, il fallait réaliser la moitié du capital... — il fallait perdre sur cette réalisation... — il fallait aventurer ses capitaux dans une industrie menacée et presque agonisante...

Ma mère ne put s'accoutumer à l'idée d'engloutir dans un gouffre, peut-être sans fond, le fruit des travaux de toute une vie laborieuse.

Elle recula.

Elle me supplia de renoncer à mes idées commerciales.

Elle me demanda de tâcher de me créer une position indépendante dans quelque carrière libérale, où, du moins, je n'aurais pas à subir des chances de ruine foudroyante.

Un simple désir de ma mère devait être un ordre pour moi.

Je dois t'avouer, d'ailleurs, que je n'eus pas grand mérite à me plier à sa volonté, et que ses résolutions nouvelles ne me contrariaient que médiocrement.

Le commerce ne me tentait pas outre mesure.

J'avais embrassé cette carrière, bien moins à cause de l'amour infiniment modéré qu'elle m'inspirait, que parce que j'avais passé ma vie tout entière à entendre dire que c'était la seule qui fût ouverte devant moi.

Je quittai donc au plus vite la maison dans laquelle je n'avais plus l'espoir fondé d'être maître un jour, et, pour tuer le temps en occupant mes nombreux loisirs, je pris en main la gestion de notre modeste fortune.

Or, tu le comprends sans peine, cette gestion était à très-peu de chose près une sinécure, et j'étais souvent bien embarrassé pour remplir le vide de mes journées.

J'ai toujours eu l'oisiveté en horreur !

Je ne suis pas de ces gens qui passent sans ennui des journées entières à fumer des cigares sur les quais ou sur la jetée, en échangeant des propos oiseux avec les désœuvrés de leur sorte, ou qui, les deux coudes sur le marbre terni d'une table de café, lisent les journaux depuis le premier-Paris jusqu'aux nom de l'imprimeur, — absorbent des absinthes, des grogs et choppes, et jouent au bésigue, au piquet ou aux dominos, du matin au soir, depuis le premier janvier jusqu'à la Saint-Sylvestre.

Je ne prétends d'ailleurs en aucune façon me faire un mérite de ce que je viens de te dire.

J'éprouve pour *l'inoccupation* une aversion inouïe et invincible... — voilà tout !...

Je cherchai donc avec ardeur un moyen quelconque de satisfaire l'activité de ma nature.

J'eus la pensée d'entrer dans la marine, et d'arriver promptement, grâce à mon instruction acquise, au commandement d'un des nombreux navires de commerce frétés dans notre ville.

Malheureusement pour cette vocation naissante, — qui d'ailleurs ne me préparait qu'un avenir assez médiocre, — la mer est une ennemie sournoise qui me mit à une rude épreuve.

Je souffris d'une si abominable façon pendant une première et très-courte expédition sur les côtes de Bretagne, que je revins à tout jamais guéri de ma passion momentanée pour les vagues, — pour l'odeur du goudron, — pour le tangage et pour le roulis.

Après cette tentative infructueuse, je retombai dans mon désœuvrement primitif, et je reçus une nouvelle visite de l'ennui, — non moins implacable et non moins obstiné que l'Océan lui-même.

Ne sachant plus à quel saint ou à quel diable me vouer, je me mis à aller dans le monde...

Ici Gilbert s'interrompit,

— Pourquoi ris-tu? — demanda-t-il à Maurice.

— Pourquoi? — répondit ce dernier, parce qu'il fallait que le mal fût, en effet, bien grand pour te contraindre à employer des remèdes aussi désespérés!...

— Le mal était terrible, en effet, mon cher!...

— Continue.

— J'allais de préférence dans la maison d'un très-riche armateur, ancien et intime ami de mon père...

Cet armateur avait une fille unique...

— Nous y voici... — murmura Maurice.

— Tu dis?...

— Rien... — J'écoute.

Gilbert reprit :

— Cette fille unique, dont je te ferais le portrait si j'avais la palette et les pinceaux de Greuze, était tout simplement un ange de beauté, de grâce et de candeur...

Elle s'appelait Marguerite-Henriette, de par la volonté de son parrain et de sa marraine, et mademoiselle Clément, par la grâce de ses ancêtres paternels...

Tu vas me demander peut-être pourquoi je m'aperçus si tard des rares mérites d'une jeune personne auprès de laquelle je vivais depuis mon enfance...

— Je ne te demanderai pas cela du tout!... — interrompit Maurice.

— A ceci je te répondrai, — poursuivit Gilbert qui tenait à ne point perdre la forme littéraire de son récit; — à ceci je te répondrai que Marguerite a sept ans de moins que moi, et que jusqu'alors je l'avais considérée tout bonnement comme une gracieuse enfant à laquelle j'apportais souvent des bonbons...

Pendant ce court voyage maritime dont je t'ai parlé et qui m'avait si mal réussi, Marguerite atteignit sa dix-septième année.

En quelques mois une transformation complète s'était opérée en elle.

En partant, j'avais quitté une petite fille, — du moins elle me semblait telle...

En revenant, je retrouvai une jeune fille!...

Sa beauté s'était en quelque sorte métamorphosée par le développement de ses formes délicates... — Je ne sais quel charme irrésistible émanait de toute sa personne... — il y avait autour d'elle comme une atmosphère de chasteté, et, en même temps, comme un parfum d'amour... — enfin, des prunelles de ses grands yeux bleus si limpides et si doux commençait à rayonner un fluide magnétique, qui,...

— Qui le perça le cœur d'un nombre incommensurable de flèches empruntées au mythologique carquois du malin petit dieu Cupidon ! — acheva Maurice en riant.

Gilbert partagea franchement l'accès de gaieté de son ami.

Puis il continua :

— J'allais exprimer la même pensée, en un style peut-être un peu moins anacréontique ; — mais, si la forme est légèrement différente, le fond est identique, et c'est l'essentiel.

— Naturellement.

— Bref, je devins amoureux de Marguerite... — oh ! mais, amoureux, comme les amoureux les plus amoureux des romans bucoliques d'Auguste La Fontaine !...

Après m'être assuré que je ne déplaisais pas trop à ma bien-aimée...

— Comment dis-tu ? — interrompit vivement Maurice.

Gilbert répéta sa phrase.

— Ah ! tu t'es assuré de cela ?...

— Il le fallait bien.

— Il y a donc entre vous une façon d'entente cordiale ?

— Je te le certifie avec ivresse... Je verse ce secret dans ton sein.

— Verse, mon ami !... verse avec confiance !... — en fait de discrétion, vois-tu, feu le dieu Silence n'était que bien peu de chose auprès de moi... — Poursuis donc sans nulle inquiétude le cours de tes confidences...

— Enfin, je l'adore, et elle m'aime !... j'en ai la certitude ! — Suis-je un mortel assez heureux ?...

— Très-heureux, assurément... — Mais...

— Mais quoi ? — pourquoi ce *mais* ? — Ce *mais* m'inquiète...

— Sans aucune raison. — Je voulais dire qu'il ne tient qu'à toi d'être plus heureux encore...

— Et comment cela, mon Dieu ?

— En épousant mademoiselle Marguerite... — Cela vaudra mieux, ce me semble, que de composer des comédies et des drames ; — si grand d'ailleurs que soit ton mérite...

— Hélas ! l'un ne va pas sans l'autre...

— Les comédies et les drames sont nécessaires à ton mariage ?...

— Indispensables !...

— Plaisantes-tu ?

— Je n'ai, de ma vie, parlé plus sérieusement,

— Alors, c'est une énigme ?
— En veux-tu le mot ?
— Certes !
— Laissez-moi donc poursuivre.
— J'écoute.
— Je te dirai donc que, lorsque je fus bien assuré de ne rencontrer aucun obstacle du côté de la jeune fille, je suppliai ma mère de faire une démarche immédiate auprès de M. Clément.
— Ce qu'elle refusa ?
— Du tout.
— Dans ce cas, — interrompit de nouveau Maurice, — ledit Clément s'empressa de t'accorder la main de mademoiselle Marguerite, comme à un honnête et excellent garçon que tu es...
— Hélas ! modula Gilbert pour la seconde fois.
— Bah ! est-ce que tu aurais été repoussé !
— Pas précisément.
— Ah ça, entendons-nous ! — ta mère lui demandant pour toi l'honneur d'entrer dans sa famille... aussitôt la supplique présentée, il a dû, ce me semble, répondre catégoriquement par un *oui* ou par un *non*... — il t'agrée ou il te refuse... — il n'y a pas de moyen terme possible...

— C'est ce qui te trompe.
— Il y en a un ?
— Oui.
— Lequel ?
— Je vais te le dire...

IV

LE MODÈLE

Au moment où Gilbert se préparait à continuer sa narration, la porte donnant accès dans l'atelier s'ouvrit; — la portière se souleva et Joseph parut sur le seuil.

— Monsieur, — fit-il en s'adressant à Maurice.

— Eh bien ?

— On demande monsieur.

— Je n'y suis pas, — s'écria l'artiste vivement.

Le domestique eut un air embarrassé et ne quitta point la place qu'il occupait sous la portière dont sa main droite écartait les plis soyeux.

— C'est que... — reprit-il après une seconde de silence... — c'est que... monsieur... c'est une dame...

— Ah! scélérat! — dit alors Gilbert en riant, — on vient te relancer jusque chez toi!... jolie conduite!...

— Ma parole d'honneur! — répliqua Maurice, — je ne sais pas ce que veut dire cet imbécile de Joseph!

— Imbécile, monsieur, c'est bien possible!... — fit ce dernier avec dignité, — mais j'affirme que le fait que j'avance est parfaitement vrai...

— Une dame me demande?

— Oui, monsieur.

— Où est-elle cette dame?

— Elle attend là, à côté, dans l'atelier.

— A-t-elle dit son nom?

— Monsieur, je ne lui ai pas demandé.

— La connais-tu de vue?

— Elle n'est jamais venue ici.

— Que désire-t-elle?

— Parler à monsieur.

— Est-elle jeune?

— Dans les environs de dix-sept à dix-huit ans.

— Et jolie?

— Ah! je crois bien! — Des joues blanches

et unies comme celles des déesses des tableaux de l'atelier de monsieur; — des yeux longs comme mon bras, — une bouche plus petite et aussi rouge qu'une cerise de Montmorency, — les mains d'un enfant de dix ans... — Voilà son portrait, avec la permission de monsieur...

— Ah ça! mais... — fit Gilbert, — sais-tu bien que tout cela est terriblement séduisant! — Allons, trop heureux coquin, je vais te laisser en tête-à-tête avec cette belle inconnue... — que tu connais, je crois, un peu plus que tu ne désires en avoir l'air... — Tu comprends que je ne voudrais pas risquer de l'effaroucher par ma présence... — Par où s'en va-t-on d'ici?

— Je te répète une fois de plus, mon cher Gilbert, que tu es dans une complète erreur... — Je suis en ce moment le garçon le plus libre et le célibataire le plus dégagé de toute entrave amoureuse qui se puisse rencontrer sous la calotte du firmament...

— Allons donc!...

— Foi de Maurice!... j'ai rompu il y a huit jours avec ma dernière maîtresse...

— Peut-être est-ce elle qui revient...

— On voit bien que tu ne connais pas mademoiselle Blondine, membre du corps de ballet de l'Académie impériale de musique et de danse ! — répliqua le peintre en souriant... — s'il lui prenait fantaisie de me rendre visite, l'aimable enfant n'est pas fille à attendre aussi patiemment dans l'atelier qu'il me plaise de la recevoir... — elle aurait violé la consigne en fredonnant une mazurka ou le refrain des *Petits agneaux !*... — elle serait déjà à table... elle aurait fait trois cigarettes et bu dans tous les verres !... — d'ailleurs Joseph la reconnaîtrait.

— Reste donc là, je t'en prie... je vais recevoir en ta présence cette inconnue bien réellement inconnue ..

Puis Maurice, s'adressant au valet qui attendait toujours, reprit :

— Joseph, fais entrer...

Joseph souleva la portière qu'il avait laissée retomber, et parlant à la personne qui attendait dans l'atelier :

— Si madame veut se donner la peine d'entrer, monsieur va recevoir madame...

Et il s'effaça le long du chambranle pour livrer passage à la visiteuse matinale.

Cette dernière était une jeune fille ou une jeune femme de dix-huit ans à peu près, dont la figure charmante et pâle portait la touchante empreinte de la souffrance et de la résignation.

Sa mise, — gracieuse mais extrêmement modeste, — se recommandait par le soin extrême et l'exquise propreté qui avait présidé à chacun de ses détails.

Elle portait une robe de laine à carreaux écossais, verts et bleus.

Son corsage, de drap noir, montant très-haut, dessinait les contours fermes et corrects d'une poitrine admirablement modelée.

Sa jupe un peu courte laissait apercevoir l'extrémité d'une bottine noire chaussant le pied le plus joli, le plus fin, le mieux cambré qu'il fût possible de rencontrer.

Un col plat, tout uni, — des manches blanches, garnies de broderies anglaises, — un châle tartan à grands carreaux gris et bruns, drapé avec une élégance de bon goût et accusant la cambrure de la taille et la saillie des hanches, complétaient ce modeste habillement.

Un petit chapeau de feutre noir, orné de rubans d'un bleu sombre, encadrait l'ovale pur du visage et les bandeaux épais de magnifiques cheveux blonds naturellement ondés.

Des gants de feutre gris abritaient les mains et ne parvenaient point à en grossir les formes mignonnes. — C'étaient bien, — ainsi que l'avait dit Joseph dans son naïf enthousiasme, — les mains d'une enfant de dix ans.

En apercevant les débris d'un repas très-complet, et deux jeunes gens encore à table, la visiteuse s'a— ..a sur le seuil au lieu d'avancer et baissa ' yeux avec un embarras manifeste.

.e, qui s'était levé en la voyant entrer, ¡ues pas au-devant d'elle et lui offrit un

Vous m'avez fait l'honneur de désirer me .er, madame? — lui demanda-t-il d'un ton respectueux.

— J'ai demandé M. Maurice Torcy, — répondit la jeune femme en restant debout.

— C'est moi, madame, — Oserai-je vous prier de vouloir bien me dire à quoi je dois le plaisir de votre visite?

— Oh! monsieur, c'est bien simple. — Hier, dans l'atelier de M. Eugène Delacroix, mon père a entendu dire que vous cherchiez un modèle de madone, et il m'a envoyée chez vous ce matin...

— Ah! vous êtes poseuse? — fit Maurice.

— Oui, monsieur...

Le jeune homme fit claquer ses doigts, — se laissa retomber sur le fauteuil qu'il avait quitté un instant auparavant, — reprit son cigare qu'il ranima par une vigoureuse aspiration, — croisa ses jambes l'une sur l'autre, — enchâssa dans l'arcade sourcilière de son œil droit son lorgnon qu'il braqua sur la jeune fille, — puis il continua d'un ton toujours poli, mais infiniment plus dégagé :

— Voyons, asseyez-vous, ma petite, — nous pourrons peut-être nous entendre. — Pour quelle partie du corps posez-vous ?...

— Pour la tête, le cou, les bras et les mains, monsieur.

— Voilà tout ?

— Oui, monsieur.

— Ne poseriez-vous pas le torse, au besoin ?

— Non monsieur.

— Pourquoi donc ?

La jeune fille rougit et ne répondit pas.

Maurice fit claquer ses doigts de nouveau.

— Comment vous nommez-vous ? — demanda-t-il au bout d'un instant.

— Léontine, monsieur.

— Léontine quoi ?

— Léontine Aubry.

— C'est singulier ! — je n'ai jamais entendu parler de vous, et je croyais connaître, — au moins de nom, — tout ce que Paris renferme de modèles des deux sexes...

— Il n'y a pas longtemps que je fais ce métier, monsieur.

— Combien de temps?

— Deux mois, à peu près...

— Deux mois... — vous devez être au courant des habitudes d'atelier?

— Oui, monsieur... — balbutia la jeune fille tandis que sa rougeur augmentait.

— Otez votre chapeau, mon enfant, — continua Maurice, — posez-le là, sur ce meuble...

La jeune fille obéit.

— Joseph, — poursuivit l'artiste, — ouvre les rideaux tout au large, afin que le jour tombe en plein sur mademoiselle... — Bien, c'est cela...

Il se tourna vers le modèle et il ajouta :

— Maintenant, je vous prie, posez-vous de trois quarts.

La jeune fille suivit l'indication de l'artiste.

Toute rose de pudeur et d'émotion, ses splendides cheveux blonds négligemment noués sur sa tête, où les dents d'un peigne de buffle ne pouvaient qu'à grand'peine fixer leurs masses opulentes et rebelles, elle était ravissante.

Maurice se recula de quelques pas pour chercher son *point de vue*, — il resta pendant quelques secondes immobile, — il changea de position pour examiner Léontine sous une autre face, et il murmura en se parlant à lui-même, d'une voix basse mais cependant très-intelligible :

— Très-bien, en vérité !... très-beau !... très-complet.

— Le galbe est d'une pureté idéale...
— L'ovale parfait...
— Le front virginal...
— Les joues d'un velouté ravissant...
— Le nez fin et correct... — les narines petites et dilatées... — la bouche d'un dessin raphaélique !...

Il interrompit son monologue pour dire à la jeune fille :

— Veuillez regarder au plafond, mademoiselle... — la tête un peu plus inclinée... — C'est cela... c'est cela même... — L'expression des yeux est touchante, — les prunelles veloutées, — les paupières longues, — les cils recourbés !... Allons, tout cela est parfait !...

— Penchez légèrement la tête à droite...
— Encore un peu...
— Oui, — c'est cela, — restez ainsi.
— Les attaches du cou sont d'une perfection remarquable ! — les chairs chaudes et solides,

— les reflets transparents!... — Allons, c'est l'idéal!...

En parlant ainsi, Maurice, qui s'animait peu à peu, oubliait complétement qu'il se trouvait en présence d'une créature animée et intelligente.

Ce n'était plus un homme contemplant la beauté d'une femme, — c'était l'artiste entrevoyant la réalité d'un rêve longtemps caressé, — et rencontrant enfin, ainsi que nous venons de le lui entendre dire à lui-même, le type idéal qu'il ne lui restait plus qu'à copier pour produire une œuvre éclatante.

Il ne songeait pas qu'un cœur pouvait battre sous les contours si purs de cette gorge de jeune nymphe.

Il oubliait complétement que l'être admirable qu'il contemplait et qu'il détaillait ainsi, fût de chair et d'os, au lieu d'être de cire ou de marbre.

Aussi les paroles qu'il laissait échapper dans son enthousiasme, ces paroles qui eussent effarouché peut-être la timide pudeur d'une vierge candide et appelé un sourire sur les lèvres d'une courtisane, — ces paroles, disons-nous, avaient quelque chose de si chastement artistique, — on comprenait si bien que nulle idée profane ne pouvait naître en ce moment dans l'esprit de l'homme qui les prononçait, que Léontine les écouta sans rougir de confusion, ou sans sourire de coquetterie.

Quand Maurice eut terminé ce commencement d'examen, il s'approcha du modèle.

— Maintenant, — dit-il, — voyons un peu les mains et les bras.

La jeune fille ôta ses gants, qu'elle posa près de son chapeau.

Elle dégrafa ses manches blanches qu'elle plia avec soin, et relevant les manches larges de son corsage, elle tendit au peintre un bras rond, blanc et poli comme de l'ivoire.

— Les mains sont un peu maigres, — murmura Maurice en les examinant avec attention, — mais elles sont merveilleusement modelées. — Les jointures sont fines et délicates; — les veines un peu saillantes, mais c'est probablement l'effet du froid; — les ongles sont remarquables de forme et d'élégance.

Puis passant au bras...

— Ah! — s'écria Maurice, — voici des attaches et un poignet comme je n'en avais jamais rencontré!... Quelle correction!... quelle *sveltesse!*... le bras est d'un modelé antique!...

— C'est admirable!... c'est inespéré!... —

Mon enfant, nous pourrons nous entendre...

Remettez votre chapeau si vous voulez...

Ah! encore une question, cependant...

La jeune fille, qui déjà venait de reprendre son petit chapeau et s'apprêtait à le placer coquettement sur sa tête, s'arrêta dans son mouvement.

Maurice toucha du bout du doigt les blondes torsades de la chevelure de Vénus aphrodite dont nous avons parlé.

— Tous ces cheveux-là sont-ils à vous?... — demanda-t-il.

A cette brusque question, la jeune fille, — de rose qu'elle était, devint pourpre.

Maurice, s'apercevant qu'il l'avait blessée involontairement, lui prit la main avec bonté et continua :

— Ne croyez pas que j'aie eu le moins du monde la pensée de vous humilier, ma chère fille! — J'oubliais qu'il n'y a que deux mois que vous posez et que, par conséquent, vous ne pouvez être encore parfaitement familiarisée avec notre manière d'agir, à nous autres artistes... Voyez-vous, il ne faut pas exiger de nous, en tout ce qui touche à l'art, les formes recherchées et la politesse de convention des gens du monde !

Ce que nous voyons dans un modèle, ce n'est pas la femme faite pour charmer et pour séduire les sens et le cœur, — c'est la perfection de cette adorable maîtresse qui pour nous passe avant tous les autres amours, et qu'on appelle la nature !...

Encore une fois, pardon pour la question que je vous ai faite... — je ne doute pas de la réalité des richesses dont le Créateur vous a douée... — Dans tous les cas, l'invraisemblable beauté de votre chevelure aurait rendu mon doute excusable.

Pour toute réponse, Léontine enleva vivement son peigne.

Elle détacha deux ou trois épingles, et, secouant la tête, elle fit ruisseler autour d'elle les flots crespelés de sa chevelure blonde, dont les mèches soyeuses roulèrent jusqu'à ses pieds, l'enveloppant d'un manteau royal, tout à fait semblable — sauf la couleur, — à celui dont parle Musset :

> Son flanc souple et sa hanche ronde,
> Sa chevelure qui l'inonde,
> Plus longue qu'un manteau de roi.

Involontairement, on pensait à cette ravissante expression du vieux poète Théophile : —

Je voudrais baigner mes mains dans les ondes de tes cheveux !

Expression que ce cuistre bâté qu'on appelle M. de la Harpe signale comme absurde et ridicule au premier chef, dans son prétendu *Cours de littérature*, indigeste et grotesque ramas d'inepties, à l'usage des pédants de son espèce.

Maurice et Gilbert poussèrent simultanément un cri d'admiration.

La jeune fille était, en ce moment, d'une prodigieuse beauté.

Sa physionomie rayonnante de candeur et d'innocence — (notons en passant que nous ne prétendons point affirmer que Léontine fût réellement candide et pure, — nous l'ignorons, jusqu'à présent, complétement ; — nous nous bornons à constater l'expression de son visage, sans savoir si cette expression était le réel reflet de son âme), — sa physionomie, disons-nous, entrevue à travers ces masses flottantes et dorées, resplendissait d'une beauté vraiment surhumaine.

Maurice, émerveillé, frappa dans ses mains et applaudit comme s'il eût été au théâtre.

— C'est merveilleux ! — s'écria-t-il ensuite. — Je tiens mon tableau, et, aussi vrai que je me nomme Maurice Torcy, ce tableau sera un chef-d'œuvre!... Ma belle enfant, vous avez un visage et des cheveux qui feront votre fortune!... — Vous gagnerez de l'argent autant que vous en voudrez!...

— Que Dieu vous entende, monsieur! — murmura la jeune fille, en relevant sa chevelure, en la tordant et en la renouant, non sans peine, avec un geste plein de décence et de charme.

— Il m'entendra, — gardez-vous d'en douter!... — Allons, c'est convenu, — je vous retiens, et dès demain, à neuf heures précises, vous viendrez poser ici!... Je compte sur vous, n'est-ce pas?...

— Ne pouvez-vous donc pas me faire travailler aujourd'hui, monsieur? — balbutia timidement la jeune fille.

— Aujourd'hui?...

— Oui, monsieur.

— C'est impossible. — Je ne toucherai pas un pinceau de la journée.

Une expression de morne et profond découragement se peignit sur le beau visage du modèle.

— Oh! mon Dieu, que vais-je dire, alors? — fit-elle avec un gémissement, tandis que deux grosses larmes glissaient sous ses longs cils et roulaient, comme deux perles, sur ses joues subitement pâlies.

— Dire à qui? — demanda Maurice.

— A mon père, monsieur...

— Eh bien, vous lui direz que vous avez de l'occupation pour demain...

— Oui, mais si je ne lui rapporte rien aujourd'hui...

— Qu'arrivera-t-il?...

— Il me frappera... — balbutia Léontine d'une voix éteinte.

— Il vous frappera! — répéta Maurice avec indignation.

— Oui, monsieur...

— Pauvre enfant! — fit Gilbert qui, pour la première fois, prenait part à la conversation; — il est donc bien dur et bien brutal, votre père?

La jeune fille ne répondit pas.

Elle baissa les yeux tristement, et son silence fut la plus éloquente de toutes les réponses.

— Comment le nommez-vous? — demanda Maurice avec intérêt.

— Narcisse Aubry, monsieur...

— Que fait-il?

— Il est modèle.

— Je n'ai jamais entendu parler de lui.

— Il est plus connu dans les ateliers sous le nom de Léonidas.

— Léonidas! — s'écria Maurice, — ah! oui, certes! je le connais!... un brutal, un ivrogne, un mauvais sujet, que j'ai chassé deux fois d'ici!... — Et vous êtes sa fille... — Ah! pauvre petite, je vous plains!... je vous plains de toute mon âme!...

— Vous êtes bon, monsieur...

— Allons, ne vous désespérez pas!... — je ne puis vous employer aujourd'hui, mais comme je ne veux pas vous exposer aux tristes résultats du mécontentement de votre père, prenez cette pièce d'or; — vous lui donnerez ce que vous jugerez convenable, et vous lui direz que, ne voulant pas que vous posiez pour d'autres en ce moment, je vous ai payé cette journée comme si nous avions travaillé...

— Oh! monsieur, comment vous remercier? — murmura Léontine avec une touchante expression de reconnaissance.

— Ne me remerciez pas, ma fille, ce sera plus tôt fait, et revenez demain à dix heures. — J'aurai besoin de vous longtemps, et quand vous me deviendrez inutile je vous adresserai à plusieurs de mes amis, de véritables artistes, avec lesquels vous n'aurez, j'en suis sûr, que de bonnes relations... — Au revoir, mon enfant, à demain...

Léontine, — qui avait rattaché sur sa tête son petit chapeau et repris ses gants, — salua gracieusement ces jeunes gens et sortit, reconduite par Joseph.

V

L'ARMATEUR

— Quelle ravissante créature ! — s'écria Gilbert lorsque la portière fut retombée après le départ de la jeune fille.

— Une adorable tête de madone !... — répondit Maurice avec exaltation, — une trouvaille ! une perle ! un diamant !... Jamais je n'ai rien vu et presque rêvé d'aussi complétement, d'aussi irréprochablement beau !... — c'est le ciel, protecteur des arts, qui me l'envoie pour mon tableau du prochain salon ! — Que le diable m'enlève, j'y consens de grand cœur, si la toile que je vais commencer demain ne me fait point conquérir d'emblée mon brevet de grand artiste !...

Gilbert sourit de l'enthousiasme de son ami.

— Tu connais le père de cette enfant? — demanda Gilbert ensuite.

— Parbleu, je ne le connais que trop!...

— Et c'est un mauvais homme?

— Une affreuse canaille! un drôle qui ne vaut pas la corde qui servira quelque jour à le pendre! — Ce misérable a successivement exercé les métiers les plus honteux! — c'est l'ignoble type du bohémien de Paris du plus bas étage!... — vingt fois il aurait dû passer en police correctionnelle et dix fois en cour d'assises!...

— Comment! c'est à ce point?...

— Mais je le crois bien que c'est à ce point! — La dernière fois que je m'en suis servi, je me suis aperçu, aussitôt après sa sortie de l'atelier, de la soustraction d'un porte-monnaie et d'une chaîne de montre...

— Et tu crois qu'il est l'auteur de ce vol?

— J'en suis moralement certain. — Malheureusement, les preuves matérielles m'ont manqué; sans cela j'aurais cru faire œuvre pie en déférant aux tribunaux ce gredin de Léonidas...

— Et dire qu'un bandit de cette espèce est le père d'une adorable enfant comme celle qui sort d'ici !... — Quel caprice bizarre, ou plutôt quelle monstruosité du hasard ! — On a bien raison de dire que les plus belles fleurs naissent parfois sur le fumier !

— Oh! oh!... comme te voilà poétique ! — répliqua Maurice. — Prends garde, mon cher, il ne faudrait pas que Léontine te rendît infidèle, même en pensée, à la gracieuse Marguerite Clément !...

— Il n'y a pas le moindre danger. — J'admire comme toi, en artiste !

— A la bonne heure.

— Cette petite Léontine, — du moins à en juger par sa physionomie, — doit être un ange de candeur et d'innocence...

Maurice fit claquer ses doigts, — un geste qu'il affectionnait, nous le savons, dans certaines circonstances, — et se mit à rire longuement et bruyamment.

— Tu doutes ! — demanda Gilbert.

— J'en conviens.

— Et pourquoi?

— Ah! mon pauvre Gilbert, si, comme moi, tu avais fait poser une centaine de saintes, de vierges et de madones, tu saurais à quoi t'en tenir sur les auréoles de chasteté et les physionomies archangéliques...

— Quoi ! ces doux visages sont trompeurs ?

— Deux ou trois mille fois plus que l'onde, — qui cependant est bien perfide, à ce que dit le vieux Will Shakspeare ! — ces chastes enfants, ces vierges si pures, sont le plus souvent, à peu de chose près, des prêtresses tarifées de la Vénus des carrefours...

— Ainsi, tu supposes que Léontine joue la comédie ?

— Non pas ! — je suppose tout simplement que la nature l'a douée d'un candide visage et qu'elle exploite cette dot à son profit, voilà tout... et, entre nous, elle est presque dans son droit... — d'ailleurs, l'illusion serait plus difficile avec Léontine qu'avec toute autre.

— Pour quel motif ?

— Parbleu ! à cause de son père ! — Le très-honorable Léonidas, crois-le bien, est homme à spéculer sur la beauté de Léontine de toutes les façons et à l'exploiter de toutes les manières...

— Supposerais-tu donc ?...

Gilbert s'interrompit.

— Oui, certes ! — répondit Maurice à cette phrase inachevée.

— Mais ce serait infâme !

— Comment ! Gilbert, tu as la prétention de

peindre le monde dans tes œuvres, et voilà comme tu le connais!... — Atteindras-tu donc les vices et les plaies de la société avec les lanières de ton fouet d'auteur dramatique, si tu ne soupçonnes ni ces plaies, ni ces vices!... — Mais laissons là ce triste sujet! — J'ai besoin de trouver en Léontine, non pas une honnête fille, mais un admirable modèle! — je ne lui demande pas autre chose que de m'apporter sa beauté qui m'aidera à composer un chef d'œuvre! — De ce côté, tout est pour le mieux! — En attendant la séance de demain, reprenons, si tu le veux bien, la conversation à l'endroit où elle était au moment où cette petite est venue l'interrompre, ce dont (soit dit entre parenthèses) je ne lui sais nullement mauvais gré, malgré le vif intérêt que je prenais à ta narration. — Tu me disais, je crois, que le père de mademoiselle Marguerite ne t'avait ni accordé ni refusé sa fille, — ce qui me paraissait surprenant, — et tu allais me donner l'explication que je te demandais à ce sujet.

— C'est cela même. — Je vais te fournir l'explication requise; — mais, d'abord, passe-moi un autre cigare.

— Voici un regalia et voici du feu ; — fume et parle.

Gilbert reprit :

— Je te disais donc que ma mère, cédant à mes instances réitérées, consentit à se rendre chez M. Clément. — Elle s'habilla, — nous sortîmes ensemble, et je l'accompagnai jusqu'à la maison de l'armateur, dont je lui vis franchir le seuil avec une apparence de résolution qui me charma.

Je te répète que M. Clément était l'un des plus intimes amis de mon père, — il me connaissait depuis mon enfance et il m'avait toujours accueilli avec une franche cordialité.

Ma mère aimait Marguerite de tout son cœur et désirait vivement notre union. — Elle ne voyait d'obstacle, du reste, que dans la fortune de M. Clément, qui est au moins quatre ou cinq fois plus considérable que la nôtre.

Cependant l'affection, et je dirai presque la faiblesse de M. Clément pour sa fille unique, avaient une telle notoriété, que ma mère espérait terminer heureusement une négociation qui devait avoir pour résultat mon bonheur, et aussi, il faut bien en convenir, celui de Marguerite.

— Fat ! — fit Maurice en riant.
— Pourquoi fat ?
— Parce que tu parais te croire tout à fait

indispensable au bonheur de mademoiselle Clément.

— Tu interprètes mal ma pensée. — J'ai voulu dire seulement que si j'épousais Marguerite, j'étais bien sûr de la rendre, à force de tendresse, la plus heureuse des femmes.

— J'accepte l'explication.

— Tu es bon.

— Pardonne-moi mon intempestive interruption, cher Gilbert, et continue..

— Tu comprends qu'en semblable occurrence et vis-à-vis d'un vieil et excellent ami, la diplomatie n'était pas de mise. — D'ailleurs, ma mère croit fermement qu'aucune rouerie, si machiavélique qu'elle puisse être, ne conduit au but plus vite et mieux que la franchise. — Si c'est une erreur, c'est l'erreur des honnêtes gens...

Donc, à peine assise dans le cabinet de l'armateur, elle entra résolûment en matière et aborda carrément le sujet de sa visite.

M. Clément écouta sans sourciller la requête présentée en mon nom.

Quand ma mère eut achevé, il hocha lentement la tête et garda le silence pendant quelques minutes.

— Eh bien? demanda ma mère inquiète.

L'armateur lui prit la main en souriant.

— Ma bonne madame Pascal, — lui dit-il alors, — vous savez que j'ai toujours estimé et toujours aimé Gilbert. — C'est un honnête et excellent garçon, je le reconnais, et cependant je ne puis vous répondre catégoriquement tout de suite, ainsi que vous le désirez...

— Est-ce donc un refus? — fit ma mère dont l'inquiétude redoublait, ce que tu dois facilement comprendre.

— Je ne dis pas cela.

— Et, cependant...

M. Clément l'interrompit.

— Chère madame Pascal, — fit-il, — envoyez-moi Gilbert, je lui parlerai à lui-même...

Il devenait impossible d'insister.

Ma mère sortit, sans trop savoir ce qu'elle devait penser des réticences de M. Clément et si je devais craindre ou espérer.

Cependant, il paraissait peu probable que l'armateur éprouvât le besoin de me foudroyer en face par un refus brutal...

Cinq minutes après, j'arrivais en sa présence, violemment ému et le cœur tout *chaviré*, comme disent les marins.

Sa brune et franche figure, pleine de bonhomie, me parut d'une effrayante solennité.

Il me fit l'effet de Neptune en courroux au moment de prononcer le classique : *Quos ego.*

— Bonjour, mon garçon, bonjour ! — fit-il en me tendant la main, et sans avoir l'air de soupçonner le moins du monde le motif de ma visite.

— Bonjour, monsieur Clément, — lui répondis-je avec un redoublement d'émotion et d'embarras.

Pendant quelques secondes il attacha sur moi un vif et profond regard, sous lequel je baissai involontairement les yeux.

Après ce temps de silence, il me frappa gaiement sur l'épaule en me disant :

— Eh bien, mon gaillard, nous pensons donc aux jeunes filles !... nous nous figurons donc que nous sommes amoureux !...

— Je fais plus que me le figurer, monsieur, je vous affirme que cela est...

— Oh ! oh ! Est-ce Marguerite que tu aimes, ou bien sa dot ?

— Donnez-moi votre fille sans dot, monsieur ; — disposez de votre fortune en faveur de qui vous voudrez, et vous verrez si Marguerite ne sera pas avec moi aussi heureuse qu'elle mérite de l'être.

— Ah çà, mais, fichu gamin, — s'écria M.

Clément, — est-ce que tu t'imagines que je veux déshériter ma fille, par hasard?...

— Je n'imagine rien...

— Alors, pourquoi me dis-tu ce que tu viens de me dire?...

— Je réponds à vos questions, et surtout à vos suppositions offensantes...

— Dieu me pardonne! il me semble que tu te fâches!...

— Dame! vous me dites des choses...

— Je te dis ce que je veux, entends-tu! et si tu n'es pas content, mon gars, tu n'as qu'à me ficher le camp, vent arrière!...

Ici Gilbert interrompit son récit.

— Il faut que tu saches, mon cher Maurice, — fit-il d'une manière incidente, — que M. Clément est la vivante reproduction du type immortel du bourru bienfaisant, mis à la scène par Goldoni. — Je le connaissais d'assez longue main pour ne songer nullement à m'effaroucher ou à m'effrayer de ses boutades et de ses coups de boutoir.

Au contraire, cette façon brutale de me recevoir me présageait une heureuse réussite.

Je répondis donc, très-crânement ma foi, et sans sourciller :

— Non, je ne m'en irai pas...

— Ah bah ! et pourquoi donc, s'il te plaît?...

— En venant chez vous, j'avais un but...

— Et lequel, monsieur l'homme d'importance?

— Celui de chercher une réponse que vous devez me donner, — vous l'avez dit à ma mère, — et j'attendrai cette réponse jusqu'à ce que vous me la donniez...

— Tu crois cela?

— Parfaitement.

— Et si je ne te la donne pas ce matin?

— Je resterai jusqu'à ce soir.

— Et si je ne te la donne pas ce soir?

— Je resterai jusqu'à demain.

— Et si je ne te la donne pas demain?

— J'attendrai une semaine, s'il le faut, — un mois, s'il le faut, — un an, s'il le faut...

— Sans démarrer de chez moi?...

— Sans démarrer de chez vous.

Mon aplomb sembla surprendre quelque peu M. Clément.

Pendant un instant il parut hésiter entre le mécontentement et la gaieté.

Enfin, la bonne humeur l'emporta.

Il me frappa pour la seconde fois sur l'épaule et se mit à rire.

Puis, il s'écria :

— Ah ça ! mais, bien décidément, tu aimes donc Marguerite ?...

— Je l'adore...

— Hum !... hum ! *je l'adore !*... C'est bientôt dit !...

— Parbleu ! qu'y a-t-il de plus tôt dit que la vérité ?...

— Sans doute. — Mais est-ce une amourette ou une passion ?... Voilà la question...

— C'est une passion, monsieur Clément, — une passion sérieuse, profonde et sincère... — Je vous en donne ma parole d'honneur !...

— Ne t'anime pas, mon garçon !... Je vais te croire... puisqu'il le faut absolument.

— C'est heureux !...

— Et si je te disais que tu as un rival, qu'est-ce que tu répondrais ?

— Ce que je répondrais ?...

— Oui.

— Que cela ne m'étonne nullement.

— Ah bah !..

— Votre fille est trop charmante et trop excellente pour que les prétendants à sa main lui fassent défaut.

— Voyez-vous cela !... Quelle belle nouvelle m'apprends-tu ?...

— Je ne vous apprends rien que vous ne sachiez aussi bien que moi, — je continue à vous répondre. — Si mes réponses vous impatientent, pourquoi m'interrogez-vous ?...

— Du calme !... du calme !... — Et si j'ajoutais que ce rival est riche, — fort riche, que dirais-tu, hein ?...

— Je dirais : — Tant mieux pour lui...

— Si j'ajoutais qu'il est jeune, — qu'il est beau, — qu'il est galant, dirais-tu toujours : — Tant mieux pour lui ?...

— Certes !...

— Et cela te serait égal ?

— Parfaitement.

— Comment ! cela ne te découragerait point ?

— Non.

— Cela ne t'inquiéterait même pas ?

— En aucune façon.

— Railles-tu ?

— Je n'ai, de ma vie, parlé plus sérieusement.

— Ah ça ! sais-tu bien que tu commences à m'échauffer les oreilles avec ton outrecuidance !...

— Mon cher monsieur Clément, ne cherchez pas à vous mettre en colère, vous n'en viendriez point à bout...

— Ta parole ?...

— Je sais que vous m'avez toujours témoigné beaucoup d'affection. — Je sais que vous estimez ma mère comme elle mérite de l'être, et que, par conséquent, vous seriez désolé de nous voir malheureux tous les deux...

— Veux-tu bien te taire, gamin !... — J'estime ta mère, c'est vrai, mais je me moque pas mal de toi !

— Je n'en crois rien.

— Ah ! tu n'en crois rien !...

— Non. — Essayez plutôt de me faire de la peine. — Je vous défie d'y réussir !...

— Eh ! c'est précisément pour cela que je te dis que tu n'es qu'un imbécile ! qu'une fichue bête !...

— Je ne comprends plus...

— Pourquoi, animal, ne m'as-tu pas demandé ma fille, il y a trois semaines ?

— Je n'osais pas...

— Tu n'osais pas !... tu n'osais pas !... — voyez-vous ce morveux qui n'ose rien !... si ça ne fait pas pitié !... — Eh bien, sais-tu ce dont tu es cause avec ta ridicule timidité ?...

— Non.

— Eh bien, je vais te le dire : — Aujourd'hui je ne puis t'accepter pour gendre, quand même je le voudrais...

— Mon Dieu! — m'écriai-je en pâlissant, — vous avez promis la main de Marguerite?...

— Je ne l'ai pas positivement promise, mais j'ai donné ma parole d'attendre deux ans.

J'étais si loin de prévoir une telle réponse, que j'en fus frappé comme d'un coup de foudre et que les larmes jaillirent de mes yeux.

M. Clément arpentait son cabinet à grands pas.

Je m'étais laissé tomber sur un siége où je restais muet, immobile, complétement anéanti.

Tout à coup l'armateur s'arrêta devant moi et me saisit brusquement le bras.

— Pourquoi te désespères-tu, imbécile? — me dit-il d'un ton rude. — Si tu te fais du chagrin comme cela, je te flanque à la porte!...

— Mais... — balbutiai-je.

— Il n'y a ni si, ni mais, ni car!... — interrompit-il. — Un homme qui pleure comme un veau, c'est bête comme chou!... — Rien n'est désespéré, parbleu!... — Marguerite a dix-sept ans, tu en as vingt-quatre, — il me semble que vous pouvez bien attendre deux ans...

— Vous me conseillez donc de ne pas perdre tout espoir, mon cher monsieur Clément...

— Ton cher monsieur Clément te conseille d'essuyer bien vite ces sottes larmes que tu as sur le bout du nez et qui te font ressembler à un moutard qui vient de recevoir le fouet ! — Bien... — maintenant écoute-moi. — Encore des soupirs !... — vas-tu te remettre à la fin !... sais-tu que tu m'agaces avec tes airs désolés !...

Je m'efforçai de sourire.

L'armateur reprit :

— Connais-tu M. Lelorrain ?

— Oui.

— Quelle est ton opinion sur son compte ?...

Je pressentis qu'il s'agissait de mon rival, et je voulus faire preuve de grandeur d'âme en disant nettement ma pensée.

Donc, je répondis :

— M. Lelorrain est un jeune homme auquel je ne connais que des qualités et pas de défauts. — C'est un brave garçon de vingt-sept ans, — capitaine au long cours, — riche, — estimé, — brave, — loyal, — enfin je m'estimerais heureux de l'avoir pour ami !...

— Et si tu avais une sœur et qu'il te la demandât en mariage, la lui donnerais-tu ?

— Sans hésiter.

— Tu crois donc qu'il serait un bon mari ?

— Je ne le crois pas, — j'en suis sûr.

M. Clément me serra la main avec effusion en s'écriant :

— C'est bien, Gilbert ! c'est très-bien, sacrebleu ! ce que tu fais là ?...

— Je dis ce que je pense, et si M. Lelorrain est mon rival...

— C'est ton rival.

— Alors je n'ai plus qu'à me retirer et à renoncer à toute espérance...

— Pourquoi donc ?

— Parce que M. Lelorrain a sur moi tant d'avantages, que je ne pourrais lutter... — il vaut mieux que moi...

— Tu en as menti ! — s'écria l'armateur d'un ton furieux, — il vaut autant, mais il ne vaut pas mieux, et je te défends de te déprécier, entends-tu bien !...

VI

LES CONDITIONS

Pendant quelques secondes, — continua Gilbert, — je restai tout abasourdi de me trouver si vigoureusement défendu contre moi-même.

Mais, en fin de compte, il était d'assez bon augure de voir l'armateur se faire ainsi le champion de ma propre cause.

— Pour l'amour de Dieu, — m'écriai-je, — où voulez-vous donc en venir?...

— A ceci : écoute-moi avec attention. — Il y a trois semaines à peine que M. Lelorrain est venu me trouver. — Il m'apportait un état exact de sa fortune qui est fort belle, — des renseignements précis sur sa famille qui est des plus honorables, et finissait par me demander la main de ma fille. — Je t'avoue franchement que sa requête me fit grand plaisir...

— Là, vous voyez bien...

— Triple idiot ! est-ce que je pouvais deviner que, trois semaines après, tu me demanderais Marguerite à ton tour?

— C'est vrai.

— Vas-tu positivement, oui ou non, me laisser achever ?

— Allez, monsieur Clément, je me tais...

— Mieux vaut tard que jamais !... — Je répondis à Lelorrain que sa demande m'agréait fort ; — que, personnellement, je n'avais aucun motif pour la repousser, mais que je trouvais Marguerite beaucoup trop jeune pour qu'il fût possible de songer à un mariage immédiat. — Je ne lui disais là, d'ailleurs, que ce que j'aurais dit à tout autre, à commencer par toi.

J'ai là-dessus, vois-tu bien, des principes arrêtés dont rien au monde ne saurait me faire départir.

Je veux avoir des petits-enfants, — beaucoup de petits-enfants, — une ribambelle de petits-enfants, tous forts, vigoureux, bien bâtis ; mais je n'entends pas qu'en venant au monde ils détruisent la santé de leur mère.

J'ai donc décidé que je ne marierais pas ma fille avant qu'elle ait dix-neuf ans accomplis.

Lelorrain, garçon de bon sens s'il en fut, comprit et apprécia mes motifs.

Il me dit qu'il allait consacrer ces deux années d'attente à faire encore quelques voyages dont les résultats augmenteraient nécessairement et notablement sa fortune. — Il me demanda seulement ma parole d'honneur de ne pas marier Marguerite avant l'expiration du délai. — Accordé ! — lui répondis-je, — mais cependant, bien entendu, avec une restriction. — Laquelle ?... — C'est que, comme je ne suis point un père barbare, j'entends et je prétends ne contraindre en quoi que ce soit la volonté de ma fille... il faudra qu'elle vous accepte volontairement et de son plein gré... Si elle vous refuse, j'en serai désolé, mais je la laisserai parfaitement libre... je ne l'influencerai même pas par un conseil. — C'est trop juste ! — me répondit Lelorrain, — et il me quitta. — Depuis, je ne l'ai point revu, et tu sais aussi bien que moi qu'il a mis à la voile la semaine passée. — Maintenant, voici ce que j'ai à te dire, à toi :

Tu aimes ma fille...

— Oh !... — m'écriai-je.

— C'est convenu! c'est convenu! ne m'interromps pas! — Tu aimes ma fille, c'est très-bien, mais tu n'as peut-être pas réfléchi à l'avenir... — As-tu réfléchi à l'avenir, Gilbert?

— Mais... — balbutiai-je, non sans embarras.

— J'en étais sûr!... ces galopins d'amoureux, est-ce que ça peut penser à autre chose qu'à l'amour?... — Eh bien, j'y ai réfléchi, moi, et souvent, — et voici le résultat de mes réflexions : — J'ai quarante mille livres de rente qui ne doivent rien à personne, ce qui est joli.

Marguerite est ma fille unique, — donc elle aura tout après moi; mais comme, de mon vivant, je n'entends pas me mettre sur la paille pour la doter, je lui ferai une rente annuelle de dix mille francs, sans un centime de plus.

Lelorrain possède une fortune indépendante de six cent mille francs, — donc la marmite du jeune ménage pourrait bouillir sans le moindre accroc... — C'est clair, cela, n'est-ce pas?...

— Trop clair, hélas!...

— Toi, au contraire, tu n'as qu'un revenu fort mince. — Ta bonne et brave femme de mère t'abandonnera, en te mariant, la moitié de sa fortune, — soit cent mille francs.

Je sais bien qu'à la rigueur on peut vivre heureux à deux avec quinze mille livres de rente, mais Marguerite est gâtée ici, — elle a sa femme de chambre, — sa voiture, — son cheval de selle, — des toilettes à discrétion... — je ne veux pas qu'une fois mariée il lui faille se refuser quoi que ce soit de ce dont elle a l'habitude, et je t'affirme que la meilleure partie des quinze mille francs annuels y passerait vite. — Eh bien, qu'il vous pousse un enfant, — deux, — trois, — quatre enfants ! et je t'ai prévenu que j'en voulais une ribambelle, — il faudra des nourrices, — des domestiques, — des professeurs, etc... — vous voilà dans la gêne, — presque dans la misère, et je suis parfaitement décidé à ne rien ajouter à la pension de dix mille francs... — Or, j'ai bon pied, bon œil, bon appétit surtout, — je vivrai cent ans, — ta mère également, — tu pourrais donc trimer longtemps en attendant nos héritages...

— Vous voyez bien que vous me refusez, — interrompis-je douloureusement.

— Comment, gredin, je te refuse ?...

— Dame ! il me semble...

— Qu'est-ce qui m'a fichu un pleutre de ce calibre-là ?... — Je te dis que je ne vois pour obstacle qu'une misérable question d'argent, et, à ton âge, tu n'as pas le courage de me répondre que tu gagneras des tonnes d'or !

— Est-ce qu'il m'est possible d'amasser en deux ans une fortune aussi considérable que celle de M. Lelorrain ?... Vous savez bien que non !... si je me permettais de le dire, je serais un menteur ou un fou !...

— Eh ! qui songe à te demander cela, bélître !... — Est-ce que j'exige de toi des millions ?... — Il n'est pas question d'un capital, — il s'agit d'augmenter tout bonnement tes revenus annuels d'une dizaine de mille francs !... Comprends-tu ?...

— Oui, et cela me paraît plus faisable...

— Ça doit te paraître non-seulement faisable, mais facile...

— Oh ! facile !...

— Voyons, sérieusement, qu'est-ce qui ne gagne pas au moins dix mille francs par an ?...

— Ah ! je dois te prévenir que je ne veux pas que tu te fasses armateur, — je sais par expérience que les bénéfices sont jolis, mais en revanche on peut un beau matin se réveiller complétement ruiné. — Or, j'aime fort à dormir tranquille, et j'entends ne point me créer des préoccupations pour l'avenir...

— Qu'est-ce que vous voulez que je fasse ?...

— Comment ! ce que je veux ?... Je n'en sais rien ! c'est à toi de le savoir...

— Mais je vous jure que je ne m'en doute pas !...

— Tant pis pour toi... — tu as deux ans pour te retourner, — c'est beaucoup plus que suffisant, — trouve d'ici là une carrière honorable dans laquelle tes malheureux petits capitaux ne risquent rien et qui te rapporte une dizaine de mille livres... — Prends bonne note, cependant, que je ne te défends point d'en gagner davantage, — et alors...

— Alors ?... — répétai-je.

— Ma foi, je te réponds ce que j'ai répondu à Lelorrain : — Dans deux ans ma fille sera libre de son choix, et je t'en donne ma parole !... — Tu te présenteras ainsi que ton rival, et celui de vous deux auquel elle tendra la main sera mon gendre quinze jours après... — Cela te va-t-il ?

— Cela me va, — répliquai-je avec résolution, quoique une profonde anxiété se cachât dans le fond de mon cœur.

— Ah ! ah ! mon gaillard, tu ne désespères donc plus ?...

— Non.

— Et pourquoi ?...

— Parce que je réussirai.

— Tu crois ?

— J'en suis sûr.

— Bon !... ne vas-tu pas commencer à m'ennuyer, maintenant, avec tes présomptions folles ! — Ça ne sait rien faire, et ça se croit capable de tout !... — Je ne sais qui m'empêche de me mettre en colère ! je me contente de hausser les épaules !...

— Écoutez-moi, mon bon monsieur Clément, — dis-je à mon tour d'une voix ferme, — j'adore votre fille...

— Rabâcheur éternel !... voilà pour le moins la vingtième fois que tu le répètes !...

— Je ne le répéterai jamais autant que je le pense ! — J'ai le courage, — la bonne volonté, — l'intelligence, — la confiance en Dieu ; — je travaillerai, — j'arriverai, et, aussi vrai que je m'appelle Gilbert Pascal, dans deux ans vous me nommerez votre fils !...

— Et ce sera probablement une fière bêtise que je ferai ce jour-là... si ce jour-là arrive jamais !...

— Bêtise ou non, vous le ferez, je vous en réponds.

— Alors, n'en parlons plus et fiche-moi le camp, attendu que voilà une grande heure que tu m'agaces avec toutes tes sornettes... — A propos, tu te souviendras que je te défends formellement et impérieusement de voir ma fille en l'absence de Lelorrain... — il faut de la loyauté en toutes choses, et les chances ne seraient plus égales si tu pouvais faire le joli cœur auprès de Marguerite, tandis que l'autre est aux cinq cent mille diables ? — Est-ce promis ?

— C'est juré !

— Quant à moi, tu viendras me voir le moins souvent possible ! Tu comprends ?...

— Parbleu !... et la preuve, c'est que chaque matin je vous mettrai au courant de ce que j'aurai fait la veille...

— Fais-moi le plaisir de filer, et plus vite que ça !... je sens que la moutarde me monte au nez !...

— Allons, je me sauve...

— Enfin ! ah ! ce n'est pas malheureux !

— Au revoir, mon bon monsieur Clément.

— Je ne suis pas bon, entends-tu !

— Au revoir, et merci !...

— Je te défends de me remercier ! — cria-t-il d'une grosse voix colère.

Puis, comme je descendais l'escalier, je l'entendis rentrer dans son cabinet en grommelant furieusement.

Au moment où je revins chez ma mère, mon cœur était partagé entre l'espérance et l'inquiétude.

Je savais bien que Marguerite m'appartiendrait, — mais il fallait la conquérir.

Et comment gagner de l'argent?...

Je ne savais pas encore ce que je ferais, — je ne m'en doutais pas, je te le jure, et cependant j'avais en l'avenir une foi instinctive, tant j'étais fort de mon amour, — tant je comptais sur quelque inspiration inattendue, — sur quelque illumination soudaine.

Le lendemain, je me mis à me creuser la tête pour trouver un moyen de prompte et sûre réussite.

L'inspiration me fit défaut, — l'illumination ne se manifesta pas le moins du monde.

Je passai en revue tous les métiers, — toutes les différentes manières honnêtes de gagner de l'argent sans en risquer.

Je ne trouvai rien.

Plusieurs semaines s'écoulèrent ainsi.

VII

UNE RÉPÉTITION EN PROVINCE

Sur ces entrefaites arriva à Brest un ancien camarade à moi, revenant de Paris où il avait été faire son droit.

Je le mis au courant de ma position, — de mes désirs, — de mes espérances, — et aussi de mes déceptions.

Après avoir réfléchi pendant quelques instants, il se frappa le front en s'écriant en homme qui connaît le grec et qui a entendu parler d'Archimède.

— *Eurêka!*...

— Tu as trouvé?... — répliquai-je avec une émotion joyeuse.

— Oui !

— Quoi ?

— Ton affaire.

— Bien vrai ?

— Tout ce qu'il y a au monde de plus vrai...

— Et... est-ce bien difficile ?

— Non. — C'est à la portée du premier venu.

— De quoi s'agit-il donc ?...

— De la littérature, parbleu !... — Fais-toi homme de lettres.

Je tombai de mon haut. — Il me sembla que mon ami devait, en parlant ainsi, se moquer outrageusement de moi.

Mais il avait l'air sérieux, et même convaincu.

— Homme de lettres ! — répétai-je au bout d'un instant, — et tu trouves que c'est facile ?...

— Certes !...

— Mais je n'ai jamais pensé à la carrière littéraire.

— Qu'importe ?

— Ai-je la vocation ? — ai-je l'aptitude ? — ai-je seulement les connaissances nécessaires ?

— Ah çà ! voyons, — que me parles-tu de vocation, — d'aptitude, — de connaissances !

— tu n'es pas de ton siècle, mon bon ! — Est-ce que je t'ai proposé de te faire bénédictin ? — Ne sais-tu donc pas qu'aujourd'hui tous les gens qui sont absolument incapables de faire autre chose se jettent dans la littérature et y réussissent à merveille !...

— Bah !...

— C'est comme ça. — Consulte plutôt la liste des membres de la Société des gens de lettres...

— Ainsi, tu crois que je pourrais arriver à un résultat ?

— Cela ne me paraît pas faire question. — D'ailleurs, que risques-tu ?... — Mise première : — une rame de papier blanc, — une bouteille d'encre noire ou bleue, — une boite de plumes de fer, — de l'esprit et de l'imagination, si tu peux, — au besoin un peu de style — (mais ce n'est point indispensable), tu vois que tu n'aventures pas un capital exagéré ! — tout à gagner et rien à perdre. — Fais la balance, mon bien bon !...

— Et l'on peut gagner dix mille francs par an dans le métier des lettres ?...

— On peut même en gagner cent mille, — on peut même y faire une grande et solide fortune. — Vois plutôt M. Scribe...

Ici, Gilbert interrompit de nouveau son récit, pour ouvrir une parenthèse.

— A ce propos, mon cher Maurice, — fit-il, — je te dirai qu'en province, et spécialement à Brest, M. Scribe est regardé comme le Jupiter littéraire, — comme le César de la comédie, — comme l'Alexandre du vaudeville.

Remarque bien que je ne discute pas un fait, — je le constate, voilà tout.

L'idée émise par mon ancien condisciple fut pour moi le rayon lumineux sur lequel je comptais, et qui devait, de ses lueurs radieuses, éclairer l'avenir...

Je m'assurai, à l'aide de judicieuses et sagaces informations, qu'en effet M. Scribe et quelques autres faiseurs avaient réalisé des fortunes d'armateurs ou de banquiers, et je me décidai à embrasser la carrière littéraire.

Sans plus tarder, je me mis au travail, et comprenant à merveille qu'en toutes choses l'apprentissage est d'absolue nécessité, je résolus de tenter l'aventure en province avant de me risquer sur les scènes de la grande ville, devant des spectateurs parisiens.

Il faut que tu saches qu'à cette époque nous avions pour directrice privilégiée du théâtre de Brest, une personne nommée madame Cha-

I

telle, type artistique, curieux s'il en fut!...

D'ailleurs, tu vas en juger.

Madame Chatelle était une femme âgée de quarante-huit ou cinquante automnes, — de taille moyenne, — plus petite que grande, — plus grasse que maigre, — plus rouge que blanche, — plus violette que rouge.

C'était,—je te je répète,un personnage amusant à étudier, — une rareté parmi la classe des directeurs de province, si féconde cependant en excentricités fantastiques.

Dépourvue de toute éducation première, — pourvue d'un entêtement féroce, — ne comprenant jamais qu'à demi ce qu'on lui expliquait longuement à dix reprises, elle se trouvait douée cependant, par le plus grand hasard du monde, d'une merveilleuse entente des choses du théâtre, et, phénomène peut-être sans précédent et qui ne se reproduira plus, elle venait à bout de contenter le public sans mécontenter ses artistes.

Très-bonne femme au fond, — obligeante, charitable, — elle se manifestait comme une véritable providence pour ses pensionnaires, qui ne l'appelaient jamais que la mère Chatelle.

Ma qualité d'abonné me conférait mes entrées auprès d'elle, privilége dont je me hâtai d'user.

Une après-midi, je me présentai au théâtre, décidé à mettre la directrice au fait de mes ambitions, et à la prier de me prêter ses lumières, indispensables selon moi pour éviter les fautes et les erreurs inséparables d'un début, — surtout lorsque le débutant ignore complétement les plus simples ficelles du métier.

Au moment où j'arrivai dans la salle, on répétait l'opéra de *Robert le Diable*, et j'assistai à une scène que je n'oublierai de ma vie...

On en était au troisième acte, et l'on commençait le fameux *trio* sans accompagnement, — l'écueil de tous nos ténors et de toutes nos premières chanteuses.

Madame Chatelle, — trônant d'un air majestueux sur un des bancs de l'orchestre vide, — suivait sur la brochure avec une extrême attention.

Son mari, — petit homme au visage en lame de couteau, — aux vêtements étriqués, — au regard mort, — à l'intelligence nulle, — parfaitement dressé d'ailleurs par sa femme à une obéissance de caniche, — était assis à côté d'elle, d'un air modeste et timide.

Déjà les artistes donnaient les premières notes.

Les musiciens, appuyés sur leurs pupitres, écoutaient religieusement.

Le chef d'orchestre, les yeux fixés sur la partition, réglait la mesure.

Tout à coup, la directrice se leva avec impétuosité et s'écria d'une superbe voix de baryton :

— Eh bien ! eh bien, vous, là-bas !... qu'est-ce que ça veut donc dire ?...

Les artistes qui se trouvaient en scène s'arrêtèrent et le chef d'orchestre se retourna.

— Que désirez-vous, madame ? demanda-t-il.

— Je désire savoir pourquoi vos musiciens ne font rien pendant que mes acteurs chantent...

— Madame, ce trio doit être chanté sans accompagnement.

— Vous dites !...

Le chef d'orchestre répéta.

— Sans accompagnement !... — beugla madame Chatelle.

— Oui, madame.

— Allons, elle est sévère, celle-là !... — Connu mon bonhomme !... vous voulez me faire voir le tour... — Sans accompagnement !... — c'est encore une *ficelle* inventée par ce tas de paresseux de l'orchestre que vous soutenez toujours?

— Mais madame...

— Assez!... assez!... ça ne peut pas durer plus longtemps comme ça!... — Je paye les musiciens exactement, rubis sur l'ongle, ils sont là pour le dire. — Je n'entends pas qu'ils se reposent pendant que mes artistes s'égosillent à crier tout seuls?... — Ainsi, recommencez-moi ça un peu rondement, et que tout le monde joue... — C'est compris?

— Mais, madame, — reprit le chef d'orchestre avec une fermeté respectueuse, — vous n'avez donc pas entendu ce que j'ai eu l'honneur de vous dire?

— Quoi?... qu'est-ce que vous m'avez dit?

— Que ce morceau était un trio sans accompagnement.

— Et moi, je vous réponds que sur mon théâtre je ne veux pas de *trio* sans accompagnement!... — le public serait satisfait, ma foi, s'il voyait tous ces fainéants bâiller aux corneilles?... — Allons, faites ce que je dis. Recommencez, et surtout que tous vos messieurs jouent ensemble! — j'ai remarqué qu'il y en avait toujours, par-ci par-là, quelques-uns qui s'arrêtaient quand les autres travaillaient, et ça ne va pas !...

— Mais, madame...
— Il n'y a pas de *mais, madame*...
— Ce que vous demandez est impossible !...
— Qu'on se dépêche... allons !... allons...
— Madame, je vais suspendre la répétition...
— Suspendre la répétition, par exemple !...
— Il le faudra bien.
— Et pourquoi cela, s'il vous plait ?
— Parce que si vous insistez, je quitte la place, répondit le chef d'orchestre avec dignité.

— Eh ! quittez tout ce que vous voudrez, mon garçon !... — Après vous, un autre ! — Est-ce que vous vous croyez indispensable, par hasard ?... — Ce que vous faites n'est pas déjà si difficile !...

La directrice s'interrompit pour se tourner vers son mari qui se tenait coi et se faisait le plus petit possible à ses côtés.

— Eh ! Chatelle, — lui dit-elle, — lève-toi et va t'asseoir dans le fauteuil de monsieur...

Le docile mari obéit passivement.

La directrice continua :

— C'est ça ! — Maintenant, prends le petit bâton, — remue-le au-dessus de ta tête ! —

donne-toi du mal! — démanche-toi!... — Voilà qui va bien!... -- Et vous autres, attention!... — Le premier qui ne joue pas, je le remercie à la fin du mois...

Les musiciens interdits, ne sachant comment obéir et n'osant pas résister, entamèrent bruyamment le chœur des Démons, tandis que les malheureux artistes, déroutés et complétement assourdis, reprenaient le trio, cahin-caha, en essayant, mais en vain, de dominer ce tapage véritablement infernal.

Enfin le charivari devint tel, que tout le monde, artistes, musiciens, choristes, garçons d'accessoires et pompiers, ne pouvant résister à la folle hilarité qui s'emparait d'eux, partirent à la fois d'un gigantesque éclat de rire.

Madame Chatelle était cramoisie de colère.

Je parvins, tant bien que mal, à conjurer l'orage, et, après l'avoir calmée, je lui expliquai nettement ce que je désirais d'elle.

J'ai dit que c'était une excellente femme, malgré tous ses défauts et tous ses ridicules.

Mes confidences la touchèrent, — elle m'autorisa à assister à l'avenir à toutes les répétitions et promit de me mettre au courant des détails de la mise en scène, — prenant en outre l'engagement de faire représenter sur les planches de son théâtre le premier vaudeville en un acte que je parviendrais à composer.

Au bout de quinze jours à peine, je connaissais toutes les expressions consacrées de l'argot des coulisses, — j'étais admis à la flatteuse intimité des premiers rôles, et je passais mes nuits à confectionner des couplets dont je cherchais l'idée dans ma tête et le trait final dans le dictionnaire des rimes.

Trois mois après, j'avais la satisfaction très-vive de voir le titre de mon premier vaudeville s'étaler glorieusement sur de belles affiches jaunes, à la porte du théâtre et contre les murs de plusieurs monuments publics.

Voici ce titre :

LE LIEUTENANT DE VAISSEAU
OU
LES TROIS FANTAISIES DE SARA LA CRÉOLE.

Imprimé en gigantesques caractères, il attirait le regard de fort loin et faisait stationner pendant quelques secondes les flâneurs et les badauds.

Il obtint à la représentation, sinon un triomphe, du moins un fort honorable succès.

On demanda l'auteur,

L'artiste chargé du principal rôle s'approcha de l'avant-scène, salua gracieusement le public et dit :

— Mesdames et messieurs, l'auteur de la pièce que nous avons eu l'honneur de représenter devant vous est un amateur de la ville et désire garder l'anonyme.

On applaudit de nouveau, — il fallait bien encourager l'amateur débutant !...

Mon vaudeville fut représenté cinq fois et me rapporta vingt-cinq francs.

M. Clément avait assisté à la première représentation et s'était fait remarquer par ses manifestations bruyamment favorables.

Lorsque je lui avouai le résultat financier de mon coup d'essai :

— Eh bien, mon garçon, ce n'est pas trop mal !... — pourvu que tu en fasses quarante-huit douzaines comme cela dans l'année, tu arriveras au chiffre convenu... — Peux-tu en faire quarante-huit douzaines ?

Le début n'était pas brillant, — mais enfin, c'était un début.

Je me remis au travail.

Au bout de six mois, j'avais achevé une comédie en trois actes.

Je réunis quelques amis, parmi les plus éclairés et les plus sincères. — Je leur fis la lecture de mon œuvre, et leurs félicitations, ainsi que les chaleureux applaudissements qu'ils me prodiguèrent, me récompensèrent amplement de toutes les peines que je venais de me donner.

Mes amis me conseillèrent unanimement et sincèrement de partir au plus vite pour Paris et de présenter ma pièce au Théâtre-Français. Aucun d'eux ne mettait en doute qu'elle ne dût être accueillie avec enthousiasme.

Je t'avouerai, avec cette franchise que tu me connais, que cet avis est également le mien, car, modestie d'auteur à part, je suis presque certain du succès.

Il me reste encore quatorze mois pour atteindre l'expiration du délai de deux années. — C'est évidemment beaucoup plus de temps qu'il ne m'en faut pour arriver à mon but, — mais je préfère être en avance.

Et voilà comment, mon cher Maurice, j'en suis arrivé à me faire homme de lettres ; — voilà pourquoi je suis en ce moment près de toi ; — voilà pourquoi, enfin, je ne me séparerais sous aucun prétexte du précieux portefeuille dont les dimensions imposantes ont attiré ton attention, et qui renferme tout mon avenir.

On m'a bien dit vaguement, en province, qu'il

était indispensable de vaincre certains petits obstacles pour arriver à se faire représenter, — mais je ne crois pas me faire trop d'illusions en comptant, pour tout aplanir, sur la sérieuse valeur de mon œuvre et sur le goût consciencieux et éclairé des directeurs et des comités de lecture... — Est-ce que je me trompe?... Dis-moi...

— Non pas! non pas! — répondit vivement Maurice, comprimant, non sans peine, un immense éclat de rire en présence d'une candeur aussi phénoménale; — c'est précisément sur ce que tu viens de dire que tu as raison de compter!...

— A la bonne heure! — J'étais bien sûr que tu serais de mon avis. — Tu verras comme d'ici à fort peu de temps je te mettrai à même de prodiguer à tes amis et à tes connaissances des coupons de loges et des stalles d'orchestre!

— Parbleu! j'y compte!...

— Et tu fais bien. — A propos, tu me donneras la liste de tes intimes?...

— Que veux-tu faire?...

— Prendre bonne note de leurs noms.

— Dans quel but?...

— Dans le but de ne point les oublier lorsque je ferai la répartition de mes billets d'auteur pour le soir de ma première représentation au Théâtre-Français.

— Ah ! très-bien !... — Mais rien ne presse encore... la pièce n'étant pas reçue...

— Elle le sera bientôt. — J'ai le projet, sur les premiers bénéfices de mon travail, de prélever la somme nécessaire pour offrir un véritable festin de Balthazar à tous les principaux artistes de Paris...

— Excellente idée !...

— Tu me guideras dans la composition du menu... et aussi pour les invitations à faire...

— De tout mon cœur. — Mais, en attendant les bénéfices dont tu parles, je t'engage à aller toucher le montant de la traite que ta mère t'a remise...

— Oh ! je n'en aurai pas besoin.

— Qui sait ?... — Va toujours...

— A quoi bon ?...

— Simple mesure de précaution, mon cher ami... — Il vaut mieux avoir son argent dans son secrétaire que chez un banquier... — Le banquier peut faire faillite...

— C'est juste. — Eh bien, j'irai ces jours-ci.

— Que fais-tu ce soir ?

— Ce que tu voudras. — Je suis à ta disposition.

— Alors, je te lirai ma comédie.

— C'est convenu. Mais comme nous ne devons pas nous gêner entre nous, je te dirai que j'ai, en ce moment, plusieurs courses indispensables à faire et que je vais te laisser seul. — Repose-toi pendant mon absence. — Après dîner, nous commencerons la lecture...

Et Maurice, serrant les deux mains de son ami, prit son chapeau et sortit.

Tout en descendant l'escalier, il murmurait :

— Pauvre garçon !... — Il croit encore que le talent et le travail arrivent d'emblée !... — Que nos faiseurs en réputation, s'ils l'entendaient, le trouveraient naïf !...

VIII

DEUX GREDINS

Quittons, si vous le voulez bien, — pour y revenir un peu plus tard, — l'atelier de Maurice Torcy ; — laissons Gilbert Pascal, étendu dans un grand fauteuil et les yeux doucement fermés sous la double influence de la fatigue et de la digestion, se remettre des lassitudes du voyage et rêver cet avenir brillant dont le fauteuil académique est, pour certaines imaginations bizarrement exaltées, le point culminant et lumineux, et permettez-nous de vous conduire dans ce quartier fangeux et populaire qui n'est déjà plus Paris, — qui n'est pas encore Montmartre, et qui borde le côté droit du boulevard extérieur, depuis la barrière des Martyrs jusqu'à celle des Batignolles.

En sortant de Paris par la barrière Blanche, on trouve à main droite une ruelle étroite et nauséabonde, appelée l'impasse de Constantine.

De hautes maisons la bordent des deux côtés dans sa courte longueur qui aboutit à un établissement moitié cabaret et moitié bal public, connu des habitants du quartier sous la dénomination pompeuse de Jardin d'Idalie.

Une cour plantée de trois arbres lépreux et rabougris, — deux berceaux garnis d'un chèvrefeuille étique et rongé par la poussière, — quelques tables recouvertes jadis d'une couche de peinture d'un vert gai, maintenant grisâtre, — des bancs écloppés et des tabourets boiteux, offrent aux habitués de ce lieu de plaisance, pendant la saison d'été, les douces illusions de la campagne et les attraits fallacieux d'un repas qui se croit champêtre, orné d'un vin bleu dans lequel il y a de tout sauf du jus du raisin, et des gibelottes de lapins douteux.

L'hiver, une salle de bal longue et basse, éclairée par une demi-douzaine de quinquets fumeux et mal odorants, et ornée de quelques haillons de calicot rouge en guise de draperies, est ouverte le dimanche et le lundi aux amateurs des danses de haut goût, moyennant une modeste rétribution de dix centimes pour chaque cavalier, par contredanse, valse et polka.

Tout auprès de ce remarquable et confortable établissement se trouve une haute maison de sinistre apparence.

Les immeubles ont leur physionomie comme les hommes.

Les immondes lupanars des barrières et des boulevards extérieurs ne ressemblent point, grâce à Dieu, à d'honnêtes demeures.

Certaines masures suent le crime par tous les pores de leurs murailles décrépies.

Des fenêtres étroites, — enfumées, — chassieuses, percent la façade de la maison qui nous occupe, et dont le badigeon, se détachant par écailles, fait ressembler la construction tout entière à ces hideux malades qu'on traite à l'hôpital du Midi.

Le rez-de-chaussée est occupé par un ferrailleur qui joint à cette profession apparente l'industrie occulte et lucrative du recel.

La police, — de temps à autre, — se permet chez lui de brusques descentes.

Une allée étroite et sombre, — toujours glissante, — toujours félide, — aboutit à un escalier en colimaçon dont les marches de bois, recouvertes de callosités boueuses, tremblent sous le pied qui les foule.

La rampe de cet escalier consiste en une corde gluante que des anneaux de fer fixent de distance en distance à la muraille.

Les paliers n'existent pas.

Les portes de chaque étage s'ouvrent sur trois marches successives.

Au cinquième, cependant, quatre ouvertures ont accès sur les carreaux dégradés d'un étroit corridor obscur.

Chacune de ces ouvertures mal fermées par des portes vierges de toute peinture, mais enduites d'un hideux vernis par les attouchements d'une foule de mains sales, conduit à deux petites pièces d'égale grandeur, prenant jour, l'une sur l'impasse de Constantine, — l'autre sur le Jardin d'Idalie.

Au moment où nous pénétrons dans cette maison abominable, trois de ces portes sont fermées.

La quatrième, entre-bâillée légèrement, laisse s'échapper la chaleur épaisse et nauséabonde d'un poêle de fonte, et l'odeur âcre et repoussante qui résulte des bouts de cigare ramassés dans la rue, hachés menus et fumés dans des pipes de terre.

En poussant cette porte, on pénètre dans une première pièce, mansardée et lambrissée, longue de huit pieds et large de dix, s'éclairant d'une façon insuffisante par une fenêtre à tabatière dont la crémaillère menace sans cesse de sa pointe recourbée la poitrine des locataires.

A droite en entrant, se trouve une grande armoire de bois blanc, mal peint en façon d'acajou.

L'un des battants, privés de gonds et appuyé contre la muraille, permet de distinguer dans l'intérieur de ce meuble de luxe quelques assiettes ébréchées, — une soupière sans couvercle, — trois bouteilles vides et une paire de gros souliers mal cirés.

Devant cette armoire s'étale fièrement une paillasse éventrée.

Un poêle de fonte, — dont nous avons tout à l'heure pressenti la présence, — sort à moitié d'une petite cheminée dont une tablette de bois peint en gris a remplacé le marbre absent.

Une carafe fêlée, — un pot à cirage, — une vieille brosse et trois pipes suffisent à la décoration de cette tablette.

Les murailles blanchies à la chaux sont couvertes d'infâmes dessins au charbon, — les fresques de Gomorrhe !... — et de révoltantes obscénités qu'on croirait tracées par la main de quelque artiste du bagne en goguette.

Le fumeux lumignon d'une chandelle a servi de pinceau pour illustrer le plafond d'arabesques du même genre, encadrant les mots les plus honteux de la langue des lieux immondes.

Une malle de piteuse apparence est placée sous la fenêtre.

En face du poêle est installée une petite table absolument pareille à celles qui font l'ornement du Jardin d'Idalie. — Le locataire du logis que nous visitons aurait-il donc, — par hasard ou par erreur, — confondu le bien d'autrui avec le sien propre ?...

Chut !... — il ne faut jamais ajouter foi, trop à la légère, à des distractions de ce genre !..

Bref, sur cette table dont nous ne rechercherons point la paternité, en vertu de cet axiome du code civil : — « En fait de meubles possession vaut titre, » — sur cette table, disons-nous, il y a deux verres, — une bouteille d'eau-de-vie, — une fiole de rhum et une boîte d'allumettes,

De chaque côté, — par conséquent en face l'un de l'autre, — sont assis deux hommes à l'accoutrement bizarre, qui, le coude sur la table, — le verre à la main et la pipe à la bouche, — se livrent à une conversation sans doute intéressante.

L'un de ces hommes est vêtu d'un pantalon garance, — dépouille militaire provenant du Temple et qui servit peut-être d'enveloppe aux tibias héroïques d'un futur maréchal de France, — d'une blouse bleue dont l'état de conservation et de propreté laisse à désirer, — d'une cravate de laine multicolore, serrée autour du cou et étalée sur la poitrine de façon à déguiser absolument le linge peut-être absent, — et, enfin, d'une casquette de velours miroité, sur la visière de laquelle une chaîne-gourmette en cuivre doré attire le regard le plus distrait.

La tête de cet homme est d'une beauté tout à la fois pittoresque et majestueuse.

Son front, — son nez, — sa bouche, — ses yeux, — enfin tous les traits de son visage offrent au premier coup d'œil le type grec dans sa plus irréprochable pureté.

De magnifiques cheveux, de ce noir bleuâtre qui plaît tant aux artistes, mais parsemés de nombreux fils d'argent, et une barbe épaisse et longue, naturellement ondulée, tombant jusque sur la poitrine, complètent l'illusion...

On croirait voir quelque marbre de Phidias ou de Praxitèle animé soudain.

Mais en examinant plus attentivement, — en étudiant l'expression de cette tête si belle, — on sent un éloignement involontaire se manifester, un dégoût instinctif, une répulsion irrésistible, succéder à l'admiration.

C'est qu'en effet ce front olympien est couvert de ces rides profondes que creuse la débauche et non pas l'âge. — Les yeux sont entourés d'un cercle bleuâtre et bistré qui rend plus frappante encore la rougeur des paupières, — les cils sont clair-semés et rongés à demi, — les plis de la bouche dénotent les penchants d'une sensualité grossière et presque bestiale, — enfin la physionomie tout entière, en flagrant désaccord avec les lignes du visage, indique clairement la bassesse, le vice, la brutalité.

Cet homme peut avoir quarante-cinq à cinquante ans, mais il paraît plus âgé.

Nous le connaissons déjà, du moins nous avons entendu prononcer son nom et apprécier son caractère et ses habitudes.

Il se nomme Paul Aubry ; — il exerce dans

les ateliers la profession de modèle, et les rapins l'ont surnommé *Léonidas*, — surnom ou sobriquet par lequel il est universellement désigné.

L'individu qui lui fait face est un homme à peu près du même âge.

Ses cheveux sont grisonnants, — jadis ils étaient roux ; — son visage grêlé est d'une laideur triviale et repoussante. — Son regard oblique semble sans cesse louvoyer, comme s'il craignait de s'arrêter franchement sur quelqu'un ou sur quelque chose.

Il affecte dans sa mise une recherche voyante du plus mauvais goût ; — ses manières sont celles d'un gentilhomme de barrière, ou d'un de ces êtres pour lesquels notre langue n'a point de nom, et qui, plus abjects que les prostituées du plus bas étage, vivent du honteux salaire de la prostitution dont ils se font les chevaliers.

Il porte un large pantalon olive, — une polonaise à brandebourgs, garnie d'un collet d'alpaga et dont les revers laissent apercevoir un mirifique gilet de cachemire bleu clair à palmes oranges.

Son chapeau est gras et placé d'une façon triomphante sur l'oreille droite, dont il couvre une partie. — Une touffe de cheveux tortillée en tire-bouchon s'échappe de l'autre côté.

Un foulard est étalé sur ses genoux. — Une bague de laiton, ornée d'un gros diamant faux, brille au doigt annulaire de sa main gauche avec laquelle il soutient sa pipe.

Il se nomme Adolphe Galimand.

Au temps de son orageuse jeunesse, il a vécu du commerce honorable des chaînes de sûreté et de l'industrie des contre-marques à la porte du théâtre de l'Ambigu-Comique.

Mais les temps sont changés !...

Depuis lors, d'autres moyens d'existence lui sont arrivés et lui permettent de couler dans *le luxe et la mollesse* une vie calme et tout à fait exempte de soucis.

Nous connaîtrons bientôt ses ressources.

Maintenant que nous avons vu, écoutons.

— Par ainsi donc, mon pauvre Léonidas, — dit Adolphe en heurtant son verre contre celui de son ami, — par ainsi donc, il paraîtrait que tu n'es point parfaitement heureux ?...

— Tiens ! n' m'en parle pas ! — répliqua le modèle, — c'est z'un guignon ! — la panne ! toujours la panne ! rien que la panne ! — j'en ai z'assez ! parole sacrée !...

Et il avala d'un seul trait un petit verre de rhum.

— Pas de chance ! — fit sentencieusement Galimand.

— Cré coquin, non !...

— Et tout ça rapport z'à ?... — demanda l'interlocuteur du modèle.

— Rapport z'à Léontine, parbleure ! — acheva ce dernier.

— Elle reste donc toujours bégueule ?...

— Bégueule que ça en fait pitié !... — C'est z'une drôlesse qui me donne plus de mal qu'elle ne vaut ! — Tu sais qu'elle était dans un magasin de confection ?...

— Oui.

— Elle n'en voulait pas quitter, quoiqu'elle ne gagnât que trente malheureux monacos par jour !... de l'eau z'à boire, quoi !...

— Trente monacos !... Ah ! qué petitesse !...

— Et encore elle rabrouait son patron, — z'un richard qui lui voulait du bien ?...

— Voyez-vous ça !...

— Il paraît que z'un beau jour le particulier a voulu comme qui dirait censément s'émanciper z'avec elle... — Je me voyais déjà requinqué, calé, et possesseur d'une pelure de première catégorie...

— Ça se devait.

— Qu'est-ce que tu crois qu'a fait la pimbêche ?...

— Elle a refusé son bonheur ?...

— Et le mien aussi, parbleure !... — z'elle est montée sur ses grands chevaux, — z'elle a planté là le magasin, et, comme je tâchais de lui faire entendre raison — (que veux-tu, un père z'est toujours un père...) — elle m'a déclaré qu'elle voulait se faire sœur du pot...

— Oh ! oh !...

— Ç'a été le bouquet...

— Fouchtra ! je le crois sans peine !...

— J'étais monté, tu comprends...

— Oh ! oui !...

— J'ai tapé dur.

— Et t'as bien fait !...

— Adolphe, tu m'approuves ?

— Léonidas, je t'applaudis !...

— T'es mon ami, z'et tu le fais voir...

— Oui que je le suis... — Léonidas, continue !

— Pour lors, je lui z'ai flanqué une tripotée, que le diable z'en a pris les armes, et je lui ai récidivement et paternellement signifié que si elle songeait z'à me quitter, je lui casserais z'une ou deux pattes...

— Z'alors qu'a-t-elle répondu ?

— Rien. — Z'elle a pleuré comme une borne-fontaine, — voilà...

— Et z'à présent, qu'est-ce qu'elle fait, cette mijaurée ?...

— L'état de son père...

— Elle pose dans les ateliers ?...

— Z'un peu, mon vieux, reprit Léonidas ; — elle ne voulait pas, mais j'ai fait parler *Vigoureux*...

— Qu'est-ce que c'est que ça, *Vigoureux* ?...

— Un petit nom d'amitié que j'ai décerné z'au manche à balai...

— Tiens, Léonidas, t'es farceur que c'en est z'un charme !

— Z'on ne se refait pas ! j'ai le tempérament jovial...

— Mais, dis donc... — reprit Adolphe avec un rire cynique.

— Quoi ?...

— Dans les ateliers, les artistes ne sont pas toujours gênés de faire faire la noce z'à leurs modèles...

— Z'a qui le dis-tu !...

— Eh bien ?...

— Eh bien, j'avais compté là-dessus pour la dégourdir un peu...

— Et t'as été volé ?...

— Ah ! oui... ah ! oui... Depuis deux mois qu'elle travaille, c'est toujours la même chose qu'auparavant.

— Pas possible ?...

— C'est pourtant comme ça !...

— Dame ! mon pauv' vieux, t'es à plaindre !...

— Ah ! oui !... ah ! oui, que je le suis !... — Faut te dire que Léontine z'est bâtie comme la Vénus de Milo...

— Tu dis ?...

— Je dis : la Vénus de Milo, — une ci-devant du bon vieux temps, dont la réputation z'est faite. — Je voulais qu'elle posât pour le nu, — ça se paye plus cher, — mais huist !... j'ai z'eu beau la battre, la rouer de coups, pas moyen d'obtenir ça d'elle !... — Je l'aurais tuée, qu'elle n'aurait pas dit oui !...

— Quelle tête !...

— On ne trouverait point, z'en cherchant bien, sa pareille dans tout Paris !...

— Pourquoi pose-t-elle donc ?...

— Pour la tête, le cou, les mains et les bras.

— Ça rapporte-t-il, au moins ?...

— Ça rapporterait assez ; mais sais-tu bien ce que la drôlesse a z'imaginé ?

— Quand tu me l'auras dit, je le saurai...

— Eh bien, figure-toi, qu'au lieu de me donner tout son argent, elle commence par payer nos dettes !...

Adolphe frappa sur la table.

— Ah çà ! mais, — s'écria-t-il avec conviction, — la petite gueuse z'a donc tous les vices !...

Léonidas remplit d'eau-de-vie son verre et celui de Galimand.

Les deux verres furent simultanément vidés.

Puis le modèle s'écria :

— Ah ! mon pauvre Adolphe, je suis un père bien malheureux !...

— C'est pas comme moi ! — fit Galimand avec un écart de poitrine.

— Oui, t'as de la chance, toi !...

— Un peu, mon vieux !...

— Ta fille va bien !

— Comme un n'amour de troubadour !... — c'est déjà roué comme père et mère !... — Tu sais qu'elle paraît dans les tableaux vivants du théâtre de *** z'avec un maillot...

— J'en ai z'évu connaissance...

— Elle a z'empaumé dernièrement z'aux avant-scènes de son théâtre le fils d'un fort négociant de la rue du Sentier. — Faut voir

comme elle fait danser ses écus !... — je te dis
que c'en est z'un plaisir !... — Aussi, dévisage-
moi z'un peu, Léonidas !... dévisage-moi !... —
Je crois qu'on est z'un peu nippé !... Tout est
neuf, mon vieux !... — La chaîne de montre est
en or pour de vrai, rien que ça !... et on a des
roues de derrière dans son gousset, — et l'on se
paye des petits verres chez tous les marchands
de vin que l'on rencontre, — on fait la poule
dans tous les estam, les plus chicocandards, —
on se fend d'un parterre à la Gaieté et d'un bis-
chof z'après le spectacle !... — Ah! c'est pas pour
dire, mais Paméla me donne bien du contente-
ment !...

— Si cette coquine de Léontine le voulait,
pourtant, moi z'aussi je pourrais me croiser les
bras et flâner z'à l'heure et à la course z'avec les
amis !...

— C'est z'un fait, car ta fille est jolie, crânement jolie, même !...

— Eh ! je l'aimerais mieux moins belle z'et
moins bête !...

— Ah ! t'as raison, mon pauv' vieux. Mais
voyons. Faut pas désespérer...

— Ah si !... ah si !.

— Je te dis que non ! — je suis un bon zig,
moi ! j'abandonne pas les amis dans le malheur.

— Vrai ?...

— Jamais !...

— Tu vas donc me prêter de l'argent ! — demanda Léonidas avec un étonnement joyeux.

— Ah non, par exemple ! — répondit Galimand en ricanant.

— Dame ! alors...

— Je ne t'en prêterai point, mais je t'aiderai à z'en gagner...

— Bah !

— Parole d'honneur !

— T'as un moyen ?

— J'en ai z'un.

— Et est-il bon ?

— Tout ce qu'il y a de plus *chouette !*...

— Parle vite, z'alors...

— Comme t'es pressant...

— Je suis pressé.

— Suffit, c'est compris !... — Voici la chose en deux temps et trois mouvements !... t'es z'intelligent, tu vas saisir la parabole...

— Voyons, — de quoi qu'il retourne ?...

— Ta fille n'a pas d'amoureux, pas vrai ?

— Eh non, que je te dis ! — tonnerre ! elle est bien trop bégueule !...

— Tu l'as donc bien mal élevée ?...

— Dame ! j'ai fait ce que j'ai pu ! — Si elle

ignore la gaudriole, c'est qu'elle y met une fière mauvaise volonté !... — Faut qu'elle ferme les yeux en passant par ici ! regarde un peu les murs et le plafond, pour voir ! — ça ferait venir de l'esprit z'à un enfant de trois mois et quatorze jours, et Léontine a tout à l'heure dix-neuf ans !

— Le fait est que c'est crânement gentil, tout ça !... fit Galimand en promenant un regard cynique sur les dégoûtants charbonnages qui polluaient les cloisons. — Mais c'est pas de ça qu'il s'agit...

— De quoi donc ?...

— Léonidas, mon vieil ami, j'ai une affaire à te proposer...

Les yeux de Léonidas brillèrent.

Il fit un brusque mouvement, — il se rapprocha de la table, et sembla vouloir mettre son oreille à portée de la bouche de son interlocuteur, qui vidait à petites gorgées son verre qu'il venait de remplir pour la dixième fois peut-être.

— Y a-t-il gros z'à gagner ? — demanda-t-il d'une voix dont le tremblement décelait l'avidité du misérable.

— Oui.

— Combien ?

— Pour le présent, cinquante jaunets à partager...

— Oh ! oh !...

— Et des rentes pour l'avenir...

— Cré coquin !... ça me botte !... s'écria le modèle avec joie. — Et qu'est-ce qu'on risque ?...

— Rien.

— Rien ! — répéta Léonidas.

— Ça t'étonne ?...

— Beaucoup. — Je n'ai jamais vu, jusqu'au jour d'aujourd'hui, gagner gros sans rien risquer...

— C'est pourtant comme ça !

— Explique-toi.

— Il ne s'agit que d'un détournement de mineure...

— Police correctionnelle, — septième chambre, — j'en ai tâté... — Et tu disais que c'était pas grave !...

— Je le disais et je le répète ; — quand les parents ne portent pas plainte, ça n'est rien...

— Et dans l'affaire que tu me proposes ?

— Pas plus de plainte que sur ma main.

— Tu en es sûr ?

— J'en réponds.

— Alors, ça me va de plus en plus !...

— Vois-tu, — continua Galimand, — tu peux t'en rapporter à moi... — Maintenant je suis tranquille, — je suis z'heureux, — je ne veux plus faire que des affaires sûres, — des opérations honnêtes ! — Depuis que la correctionnelle m'a envoyé quinze mois à Poissy, j'en ai z'assez du pain du gouvernement et de la fabrication des chaussons de lisière. — Je me range et je te conseille d'en faire autant. — A nos âges, vois-tu, mon vieux, faut se dorloter z'et vivre à la grande air !...

— Eh ! je ne demande pas mieux, mais z'où veux-tu z'en venir ?

— A te faire faire fortune... — Connais-tu z'une ancienne à moi qui s'appelle madame Belzébuth ?...

— Parbleu ! — même qu'elle demeure dans la rue Mogador !...

— C'est ça.

— Eh bien ?

— Eh bien, la Belzébuth m'a parlé de ta fille...

— C'te chance ! elle la connaît donc ?...

— Est-ce que ça n'est pas son affaire de connaître toutes les filles qui sont dans la misère ?...

— Oh ! elle s'entend proprement z'à lancer dans

le monde celles qui ont confiance en elle !...
Autrefois elle s'est occupée de Paméla, — mais
au jour d'aujourd'hui ma fille z'est de force à
z'en remontrer z'aux plus fines mouches...
Grâce à la Belzébuth, vois-tu, il y a dans Paris,
à cette heure, pas mal de femmes qui roulent
carrosse et qui sans elle traîneraient encore des
savates éculées dans la crotte !... — Oh ! la Belzébuth est une maîtresse femme et qui s'entend
bien aux affaires...

— Connu... connu !... — répondit Léonidas
en vidant son verre, — et z'à présent je te
vois venir, mon vieux Galimand. — Mais ça
n'empêche pas, — défile le reste du chapelet,
j'écoute...

Et les deux infâmes gredins trinquèrent joyeusement en signe d'entente cordiale et de parfaite
sympathie.

IX

ENTENTE CORDIALE

La conversation, interrompue un instant par une libation nouvelle, reprit en ces termes :

— Où donc la Belzébuth z'a-t-elle vu Léontine ?

— Dans le magasin de confection z'ous qu'elle va flâner de temps à autre, histoire de se mettre au courant des ouvrières qui vont z'et qui viennent...

— Et tu dis qu'elle porte intérêt z'à la petite ?...

— Un peu, mon vieux.

— Elle veut la lancer ?

— Oui, mon bonhomme, et tout de suite dans le grand genre !... tout ce qu'il y a de mieux et de plus rupin. — La Belzébuth est intime z'avec un banquier à perruque, cossu comme un Crésus et friand de fins morceaux...

— Voyez-vous ça, le vieux gueux !

— Bénis-le, mon fils, il te fera z'un sort !...

— Donc le *banquezingue* a vu Léontine, je ne sais où, ni quand est-ce, — il s'en est toqué, et depuis ce jour-là il n'en dort plus, et même il en perd le boire z'et le manger... — Bref, il donne cinquante jaunets rien que pour souper z'avec elle... — tu comprends l'apologue?...

— Parbleure !...

— Et qu'est-ce que tu en dis ?

— Ce que j'en dis ?...

— Oui.

— Les jaunets me tirent l'œil et je les aurai.

— C'est-à-dire que tu en auras un tiers...

— Hein ?

— Dame ! vieux, faut penser z'à ma part et z'à celle de la Belzébuth... Cette brave femme-là ne peut pas se déranger rien que pour t'obliger...

— Ce n'est pas assez d'un tiers...

— Que veux-tu donc ?

— La moitié.

— Tu perds la boule!...

— Ça se peut, mais je ne m'en dédirai pas.

— Vas-tu point marchander? — Ah! fi!...

— Si tu trouves que je marchande et si ça ne te convient pas, z'assez causé et n'en parlons plus!

— Parlons-en z'au contraire, — tu veux vingt louis?

— Vingt-cinq ou rien.

— T'es pas raisonnable!

— C'est mon dernier mot.

— Les amis ne sont pas des Turcs, que diable!

— Il n'y a ni Turcs, ni diable! je veux ce que je veux, et voilà.

— Allons, allons, ne te fâche pas! t'auras moitié, — vingt-cinq poléons! — Dis-donc, — c'est gentil, ça!

— Oui, — l'on peut nocer z'avec agrément!

— Mais comment que tu feras pour décider la mijaurée z'à accepter le dîner du vieux?

Léonidas se gratta le front, — suivit du regard les spirales bleuâtres de la fumée de sa pipe montant vers l'immonde plafond; — enfin il donna les signes les plus manifestes d'indécision et d'embarras.

— Trouves-tu? — demanda Galimand.

— M'y voici.

— Qu'est-ce que c'est?

— Je la battrai tant z'et si bien qu'elle finira par consentir.

Galimand salua le vieux modèle avec une ironie nullement dissimulée.

— Mes compliments! — s'écria-t-il ensuite, — a-t-il de l'imagination dans sa caboche, ce paroissien-là!... — dire qu'il a trouvé ça tout seul, z'avec brevet d'invention sans garantie du gouvernement! — Ah! tu la battras!... — mais, malheureux, tu lui feras des noirs, et ça sera du joli... — elle pleurera, z'elle aura les yeux rouges, le nez bouffi, z'et le banquier n'en voudra plus!... — Allons, rengaine ton idée, elle n'est pas de vente...

— T'as raison.

— Faut chercher z'un autre moyen...

— Oui, mais lequel?

— Je pense à une chose...

— Voyons...

— Si on la grisait?

— Impossible.

— Pourquoi?

— Elle ne boit que de l'eau.

— Grenouille, va!

— Quand je te dis que la chance n'y est pas !

— Une autre idée...

— Après ?

— Une supposition que la Belzébuth nous invite z'à dîner, toi z'et moi...

— Ça peut se faire.

— Tu amènes ta fille...

— Naturellement.

— On lui sert de bons petits plats... — Est-elle gourmande ?

— Non.

— Saperlotte ! tu disais vrai ! la guerdine a tous les vices !

— Plains son malheureux père, Galimand !

— Enfin, gourmande ou non, z'elle mange.

— La nourriture z'est l'amie de l'homme, z'et subséquemment de la femme !... — dit Léonidas d'un ton sentencieux.

— Donc, elle mange, et, z'ayant mangé, elle boit... — que ça soye de l'eau si ça veut, la chose nous est inférieure. — Cette brave mère Belzébuth z'a des tas de moyens subtils et ingénieux pour la chose d'endormir les jeunesses récalcitrantes... — Ça t'irait-il, Léonidas ?

— Comme un gant de poil de lapin.

— Tu comprends bien, mon vieux, que nous

avions déjà pensé à ça, la Belzébuth z'et moi, — mais la justice est taquinante à cet égard, et m'sieur le procureur impérial n'entend point la plaisanterie... — Je vas donc te parler le cœur sur la main...

— Tu me feras bien plaisir, foi d'honnête homme !

— C'est donc pour te dire que la Belzébuth z'a dit comme ça qu'elle se chargeait de tout, z'à cette seule et unique condition que tu serais là, parce que la petite n'oserait point porter plainte contre toi, et qu'alors pour lors nous serions assurés d'être parfaitement tranquilles.

— Hum ! elle n'est pas bête, la vieille !..

— Ah ! fichtre !... bien malin sera celui qui la pincera !

— Et quand la petite sera endormie, qu'est-ce que nous ferons ?

— Nous resterons à table à gobichonner z'entre nous. — La Belzébuth emportera Léontine dans sa chambre pour la laisser dormir à son aise... — Le reste ne nous regardera pas !

— Au fait... — on ne peut pas être partout à la fois.

— Comme tu dis. — Le lendemain matin,

l'enfant pourra pleurer et se lamenter tout z'à son aise... — liberté, *libertas!* — mais comme il n'y a jamais que le premier pas qui coûte, elle sera bien obligée de se consoler z'un peu plus tôt ou z'un peu plus tard, et elle profitera de la position... — C'est z'une mine d'or pour toi ! — La Californie, mon vieux ! — Le banquezingue, qui est toqué, a promis un appartement numéro un, avec trois années de loyer payées d'avance, un mobilier dans le grand chic, des toilettes comme s'il en pleuvait, et deux mille balles par mois ! — Hein, qu'est-ce que tu dis de ça ?...

— Ah ! il a promis tout ça ?... — fit Léonidas en réfléchissant.

— Il l'a promis et il le fera... — Comme la petite est mineure, nous le tiendrons par la peur du scandale... — un petit chantage assez soigné !... tu l'entendras roucouler !... — Mais qu'est-ce que t'as ?... — Tu parais tout chose ! — est-ce que tu ne jubiles pas de satisfaction ?

Le vieux modèle frappa sur la table un gigantesque coup de poing qui fit bondir Galimand et s'entre-choquer les verres et les bouteilles.

— Adolphe ! — dit-il ensuite en regardant

son abominable complice dans le blanc des yeux!

— Eh bien, quoi ? — qu'est-ce que tu veux !
— Deviens-tu fou ? — Tu me fais peur.

— Tu dis que le banquezingue qui promet z'un appartement, — z'un mobilier, — des toilettes, — deux mille balles par mois, et le reste, ne donne que cinquante jaunets pour commencer la danse...

— Oui... — balbutia Galimand déconcerté.

— Rien de fait, alors !

— Pourquoi ?... mais pourquoi ?...

— Parce que tu veux me voler...

— Moi !... ton ami !... Ah ! Léonidas, c'est pas beau des idées pareilles !...

Un nouveau coup de poing non moins formidable que le premier ébranla la table.

— Allons... allons... Léonidas, sois raisonnable !...

— Je le suis.

— Songe à l'avenir de ta fille...

— Le père avant la fille, c'est trop juste !

— Tu te dois z'au bonheur de ton enfant...

— Je me dois d'abord z'au mien.

— Tu vas tout faire manquer z'avec tes conditions impossibles !...

— Ça m'est égal ! — cent louis ou point d'affaire...

— Alors, n'en parlons plus...

— Soit ! n'en parlons plus... — j'aime mieux ça que d'être floué !...

— Léonidas, sois franc z'avec ton ami... tu te défies de moi ?...

— Parbleure !...

— Eh bien, je te prouverai ma bonne foi...

— Comment ?

— Si tu veux, nous irons ensemble chez la Belzébuth z'et tu traiteras toi-même...

— A la bonne heure !...

— Quand irons-nous ?

— Quand tu voudras.

— Ce soir, alors ?

— Va pour ce soir.

— Nous fixerons le jour du souper en question... — d'ici là, faudra faire en sorte que la petite ne se doute de rien...

— Sois calme !

En ce moment on entendit dans l'escalier le bruit d'un pas rapide et léger.

— File vite ! — reprit vivement le modèle, — voici l'enfant ! — Je ne veux pas qu'elle te rencontre ici, — elle se méfierait de quelque chose... — elle ne peut pas te sentir, rapport z'à ta fille, qu'elle dit que tu as perdue !

— Chipie !..., — murmura Galimand en prenant sa canne qu'il avait déposée dans un coin.

Puis il ajouta :

— Je vais passer par l'autre chambre, et dès que Léontine sera entrée dans celle-ci, je sortirai...

— A ce soir, — fit Léonidas en rangeant vivement les verres et le tabouret, tandis que son digne ami disparaissait par la porte de la seconde pièce.

Le bruit des pas se rapprochait de plus en plus.

Evidemment Léontine arrivait dans le corridor.

Léonidas se mit à siffler l'air du *sire de Franc-Boisy*, en bourrant sa pipe.

La porte s'ouvrit, et la jeune fille entra dans l'horrible chambre que nous connaissons, en disant :

— Bonjour, mon père...

— Pourquoi reviens-tu sitôt ? — demanda brutalement Léonidas.

— Mon père... — balbutia la pauvre enfant avec crainte.

Le vieux modèle l'interrompit.

— Je vois ce que c'est ! — s'écria Léonidas ; — tu n'as encore pas travaillé aujourd'hui, tu ne trouves pas d'ouvrage. Tout ça prouve que tu as fait la prude et que tu n'as voulu poser que pour la tête. Il n'y a pas le sou à la maison, et mam'zelle n'a pas seulement le courage d'en gagner. Es-ce que tu crois que ça peut continuer longtemps comme ça, et que je te nourrirai z'à rien faire?... Allons tu vas répondre... Pourquoi n'as-tu pas travaillé aujourd'hui?

Et Léonidas accompagna sa dernière phrase d'un geste menaçant.

— Ne me frappez pas, mon père! s'écria Léontine avec angoisse et avec terreur; je vous rapporte de l'argent...

— Ah! fit Léonidas subitement radouci, — voyons...

— Tenez, voici vingt francs.

Un ignoble sourire vint errer sur les lèvres flétries du vieux modèle.

Il fit danser joyeusement dans le creux de sa main la pièce d'or que Léontine venait de lui remettre, et il dit :

— Ah! t'as de l'argent et t'as pas posé! — c'est pas bête, ça, sais-tu bien! — Ousque t'as récolté ce jaunet?

— C'est M. Maurice Torcy qui me l'a donné.

— Tiens, tiens, tiens, — il est donc ben riche et ben genéreux, l'artiste :

— M. Torcy a besoin de moi ; — il ne veut pas que je pose pour d'autres dans ce moment-ci ; et comme il n'avait pas le temps de m'employer aujourd'hui, il m'a fait une avance...
— Demain il m'attend à son atelier...

— Le beau Maurice veut t'accaparer, à ce qu'il paraît...

— Il a l'air bien bon, ce jeune homme, — fit Léontine en dénouant les brides de son chapeau qu'elle enveloppa soigneusement avec un mouchoir et qu'elle posa sur un meuble.

— Tu as remarqué cela.

— C'est bien facile à voir quand on a causé un instant avec lui...

— Et lui, t'a-t-il trouvée gentille ?

— Il a dit que ma tête était précisément celle dont il avait besoin,—et il a ajouté qu'il me ferait travailler longtemps...

— Bien ! bien !... on comprend ce que parler signifie ! — fit Léonidas en ricanant.

— Je ne sais pas ce que vous voulez dire, mon père...

— C'est bon, je le sais, moi, et c'est tout ce qu'il faut.

Le vieux modèle se frotta les mains, tout en

continuant à sourire d'un sourire hideux et cynique.

Puis il reprit :

— Pour le quart d'heure, puisqu'il y a de l'*os* ici, tu vas descendre z'en deux temps et quatre mouvements !... leste et preste !

— Oui, mon père...

— Tu achèteras trois bouteilles cachet vert, — un litre d'eau-de-vie, — un lapin et tout ce qui s'ensuit, pour me faire une gibelotte un peu soignée ! — beaucoup de poivre dans la sauce ! je veux pouvoir m'en lécher les doigts jusqu'aux coudes... — Est-ce compris ?

— Oui, mon père.

— Et, surtout, que je ne te prenne pas à faire la cuisine sans gants, comme l'autre jour ! — tu te détériorerais les pattes et ça pourrait me faire du tort ! — Allons, file !...

— J'y vais, mon père, — répondit Léontine en nouant rapidement un fichu sur sa tête charmante, et en prenant dans l'armoire un petit panier.

Puis elle s'élança au dehors.

— Comme c'est bâti !... comme c'est moulé ! — murmura Léonidas resté seul. — Elle est jolie comme un amour dans cette robe de laine !... Qu'est-ce que ce sera donc quand elle sera dans la soie et le velours !... — Allons, il faut qu'avant deux mois je sois cossu comme un boulanger retiré, ou comme un marchand de cochons !... — Dame, quand les enfants sont grands, c'est à eux de travailler pour leurs parents ! — je ne connais que ça !... Je causerai ce soir avec la Belzébuth.

X

AU THÉATRE-FRANÇAIS

Quelques jours après celui où se sont passées les différentes scènes que nous venons de mettre sous les yeux de nos lecteurs dans le cours des précédents chapitres, notre ami Gilbert Pascal, rasé de frais, — frisé comme un chérubin, — mis avec une extrême élégance et ganté de gants paille, descendait d'un coupé de régie à la porte de la maison qui porte le numéro 2, dans la rue Richelieu.

Cette maison, — la plupart de nos lecteurs parisiens le savent, — fait partie des bâtiments du Théâtre-Français... elle renferme les bureaux de l'administration et l'entrée des artistes.

Gilbert paya son cocher, — pénétra sous le vestibule, — écarta les doubles battants d'une porte capitonnée et gravit lestement l'escalier qui conduit au premier étage.

Hâtons-nous d'ajouter qu'il portait sous son bras un volumineux rouleau de papiers.

— Que désire monsieur ? — lui demanda le concierge du théâtre, vivante consigne, en lui barrant le passage.

— Je désire parler à monsieur le commissaire impérial, administrateur du Théâtre-Français, — répondit le jeune homme. — Il est dans son cabinet ?...

— Je ne pourrais vous le dire. — Montez plus haut et adressez-vous à l'huissier.

Gilbert reprit son ascension et arriva sur le palier du second étage.

Il franchit le seuil d'une première antichambre, puis apercevant à droite une porte qui donnait accès dans une sorte de bureau, il entra résolûment, avec l'aplomb d'un provincial qui ne connaît pas d'obstacles.

Un homme vêtu de noir, — cravaté de blanc, et portant en sautoir une chaîne d'acier, se promenait gravement dans cette pièce.

Gilbert le salua.

L'homme noir lui rendit froidement son salut ; puis, se posant en point d'interrogation devant le visiteur inconnu, il attendit que ce dernier formulât une explication de sa présence.

Ce personnage si solennel était un des huissiers de la Comédie-Française.

— Monsieur le commissaire impérial, monsieur ? — demanda le futur auteur dramatique.

— Vous désirez lui parler, monsieur ? — fit l'huissier, sans qu'un seul des muscles de son visage fût mis en jeu par le mouvement des lèvres.

— Oui, monsieur.

— Est-ce pour affaire personnelle ?

— Non, monsieur.

— Affaire d'administration ?

— Pas davantage.

— Affaire de théâtre, alors ?

— Oui, monsieur... il s'agit d'un manuscrit...

Et Gilbert désigna le rouleau qu'il avait sous le bras.

L'huissier ne lui laissa pas le temps d'achever.

— Monsieur le commissaire impérial n'est pas dans son cabinet, — fit-il.

— Et où est-il ? reprit le jeune homme avec cette persistance toute bretonne qui était l'un des points les plus saillants de son caractère.

— Monsieur le commissaire impérial est en lecture.

— Diable ! voilà qui me contrarie fort. — A quelle heure pourrais-je le rencontrer, je vous prie ?...

— Pas aujourd'hui, probablement.

— Et demain ?...

— Demain et les jours suivants, vers quatre heures de l'après-midi.

Ici, nous ouvrons une parenthèse, afin d'apprendre à nos lecteurs que parmi tous les théâtres, — subventionnés et non subventionnés, — il n'en est aucun dont l'accès soit plus facile que celui de la Comédie-Française.

Les débutants littéraires eux-mêmes, et les inconnus, trouvent toujours à qui parler, et, s'ils sont éconduits, du moins le sont-ils poliment.

Ceci dit et posé, reprenons notre récit.

L'huissier, s'apercevant que sa réponse désappointait singulièrement le visiteur, ajouta :

— Si vous voulez vous adresser à monsieur le secrétaire de la Comédie-Française, vous le trouverez dans son cabinet, — à droite dans l'antichambre, — la porte vitrée...

— Ah! très-bien! — Merci, monsieur, — répondit vivement Gilbert.

Et il alla frapper à la porte désignée.

— Entrez! — cria-t-on depuis l'intérieur.

Gilbert tourna le bouton, — poussa le battant, et se trouva en présence d'un homme jeune encore, à la physionomie gracieuse et bienveillante, spirituelle et vive.

Une paire de lunettes, placée à côté de lui sur son bureau, trahissait sa myopie.

— C'est à monsieur le secrétaire de la Comédie-Française que j'ai l'honneur de parler? — demanda Gilbert en s'inclinant.

— Oui, monsieur, — lui répondit l'excellent Verteuil avec une charmante politesse. — Veuillez prendre la peine de vous asseoir... — Que puis-je faire pour vous être agréable?...

— Je viens en l'absence de monsieur le commissaire impérial, vous prier, monsieur, d'accueillir ma demande...

— A qui ai-je le plaisir de parler?...

Gilbert se nomma.

M. Verteuil salua.

— De quoi s'agit-il? — demanda-t-il ensuite.

— D'une comédie...

— Ah ! ah !...

— Que je désire présenter au comité.

— Vous avez là le manuscrit, sans doute?...

— Oui, monsieur.

— Voulez-vous me le remettre ?...

— Avec le plus grand plaisir.

— A merveille... — Je vais le numéroter à l'instant même.

Et M. Verteuil traça, séance tenante, un numéro sur le manuscrit, puis il répéta ce numéro sur un registre *ad hoc*.

Gilbert le regarda faire.

Quand les deux numéros furent inscrits, il demanda :

— Comment pourrai-je savoir, maintenant, quel jour aura lieu la lecture.,..

Le secrétaire regarda le nouveau venu avec un certain étonnement, et il eut toutes les peines du monde à dissimuler le sourire prêt à éclore sur ses lèvres.

— La lecture ? — répéta-t-il.

— Oui, monsieur, la lecture devant le comité ?...

— Ah çà ! mais vous n'êtes donc pas au courant des usages du théâtre ?...

— Ma foi, monsieur, pas le moins du

monde... J'arrive de Brest, je ne suis à Paris que depuis trois jours, et...

— Très-bien! très-bien! — interrompit M. Verteuil, — je comprends maintenant...

— Et moi, je ne comprends plus...

— Désirez-vous que je vous donne un aperçu de la marche des choses à la Comédie-Française, et que je vous explique par quelle filière passe un manuscrit avant d'arriver à sa représentation... quand il y arrive ?...

— Je vous en serai infiniment obligé.

— D'abord on me remet le manuscrit, — comme vous venez de me remettre le vôtre, — je lui donne un numéro, — comme je viens d'en donner un au vôtre, — puis je l'envoie au censeur, comme j'y vais envoyer le vôtre...

— J'avais entendu dire, — interrompit Gilbert, — que les pièces ne passaient à la censure que quand elles étaient reçues et en répétition...

— Je ne vous parle pas de la censure, — je vous parle du censeur...

— Qu'est-ce que c'est que le censeur, je vous prie ?

— C'est un homme de lettres, ordinairement un critique. (En ce moment c'est un vaudevilliste.) Il est officiellement chargé d'examiner d'une façon consciencieuse et spéciale tous les ouvrages présentés à la Comédie-Française...

— Mais le comité de lecture?

— Vous comprenez bien que le comité, ne se rassemblant au plus qu'une ou deux fois par semaine, ne pourrait avoir connaissance des manuscrits apportés pendant le cours... censeur les lit, — fait un... un d'eux, et, d'après ce... que l'on refuse à l'auteur... comité...

... vous allez envoyer ma pièce au...

— Aujourd'hui même.

— Et quand aurai-je sa réponse?...

— Il m'est impossible, monsieur, de répondre à cette question d'une manière précise...

— Enfin, à peu près...

— Eh bien, trois ou quatre mois.

— Trois ou quatre mois! — s'écria Gilbert avec un brusque soubresaut. — Mais c'est impossible! — je ne puis attendre ainsi!... — Oh! monsieur, si vous saviez... tout mon avenir, tout mon bonheur, dépendent de ce manuscrit...

— Vous me voyez vraiment désolé de ne pouvoir agir autrement que je le fais, — répondit le secrétaire avec un doux sourire de commisération bienveillante. — Mais je n'y puis malheureusement quoi que ce soit... si ce n'est de vous donner un conseil...

— Donnez, monsieur ! donnez ! — dit vivement Gilbert, se raccrochant, comme un homme qui se noie, à la plus faible branche, à l'espérance la plus vague...

— Voici l'adresse du censeur, — poursuivit M. Verteuil, — allez le trouver, expliquez-lui votre situation ; — peut-être vos instances le décideront-elles à hâter sa lecture et à m'envoyer un peu plus tôt son rapport.

— Oh ! monsieur, comment vous remercier de ce que vous faites pour moi !... — s'écria le jeune homme.

— Ça n'en vaut vraiment pas la peine !...

— Je vous quitte pour m'empresser de suivre votre excellent conseil...

Et Gilbert, après avoir serré la main du bienveillant secrétaire, sortit du cabinet, moitié triste et moitié satisfait du résultat de sa visite.

— Récapitulons ! — se dit-il en remontant pédestrement la rue Richelieu dans la direction du boulevard, — je vais demain chez le censeur.

Il me reçoit, — je lui parle, — il accède à ma demande, et dans trois semaines au plus tard j'ai sa réponse.

Cette réponse sera favorable, je n'en puis douter, car il ne doit pas être habitué à rencontrer souvent, dans les manuscrits qui lui sont soumis, des œuvres semblables à la mienne.

Nous disons donc trois semaines, — bon!

Huit jours après, je demande lecture au comité. — Je l'exige, au besoin.

Il reçoit ma pièce par acclamation et lui vote d'emblée un tour de faveur.

En tout, un mois.

Le temps de monter mes trois actes. Mettons six semaines.

J'arrive à un total de deux mois avant le jour de la représentation.

Maintenant, admettons que je me trompe dans mes calculs, et, pour ne pas me faire d'illusions, doublons l'espace de temps.

Il est clair comme le jour que je dois être joué dans cinq mois au plus; — or, j'en ai quatorze pour arriver au but, — je suis donc largement en avance!...

Quand on pense qu'il existe des gens qui prétendent encore que le vrai mérite a toutes les peines du monde à parvenir!... — Les niais!... — ils répètent les bruits calomnieux que répandent les médiocrités repoussées!...

Oui! oui!... bientôt je verrai mon nom imprimé en gros caractères sur ces belles affiches devant lesquelles s'arrête la foule, et les feuilletons du lundi porteront jusqu'à Brest le bruit de mes succès et l'écho de mes triomphes!...

. . . .

Nous nous sommes abstenu jusqu'à présent du soin de donner à nos lecteurs de minutieux détails sur le caractère de Gilbert Pascal.

Nous pensions, et non sans raison, que de ses paroles et de ses actes ressortirait une lumière suffisante pour permettre de bien apprécier les qualités et les défauts du jeune homme.

Peut-être on pourrait croire que l'amour-propre et la présomption le dominaient en tyrans absolus.

On serait dans l'erreur.

Non, Gilbert n'était ni vaniteux à l'excès, ni présomptueux outre mesure.

Jeune et intelligent, il avait la conscience de sa valeur, qui était réelle, — mais il ne lui arrivait point de se placer trop haut dans sa propre estime.

Connaissant peu le monde et n'étant jamais entré en lutte avec la société pour se tracer, au milieu d'obstacles de toutes sortes, la route d'un avenir quelconque, Gilbert conservait ses illusions qu'il prenait naïvement pour des réalités.

La comédie qu'il avait composée, — et sur laquelle reposaient toutes ses espérances, — ne se recommandait, à coup sûr, ni par l'entente de la scène, ni par l'habile emploi des *ficelles* du métier. Mais elle n'était point une œuvre ordinaire; la verve n'y faisait pas défaut, et des détails ingénieux, traités avec esprit, en rendaient le succès possible; nous dirons volontiers probable.

Gilbert avait consciencieusement comparé sa pièce à quantité d'autres favorablement accueillies par le public.

De cet examen et de cette comparaison était ressortie, pour lui, la certitude que ses trois actes méritaient les honneurs de l'affiche.

Le pauvre garçon ignorait encore ce que c'est que le premier pas à faire dans les sentiers épineux de cette carrière odieuse de la littérature dramatique!...

Il ne savait pas combien d'obstacles à peu près infranchissables se placerait entre lui et la réalisation de son rêve.

Il n'avait jamais eu affaire à ces directeurs qui parcourent sans attention un manuscrit signé d'un nom inconnu, — le lisent avec le parti pris d'avance de trouver la pièce injouable et souvent même le confient, pour le juger, à des employés de bas étage qui ne savent le français et parfois l'orthographe que d'une façon très-incertaine.

Et, puisque nous touchons à ce sujet, qu'il nous soit permis de combattre en quelques lignes un préjugé trop généralement répandu parmi les directeurs parisiens.

Ces messieurs n'ouvrent volontiers, et à deux battants, les portes de leurs théâtres qu'aux dramaturges et aux vaudevillistes chevronnés, — ou aux romanciers en réputation qui veulent s'essayer dans le drame.

Et ceci, en vertu de ce principe qui nous paraît insoutenable : à savoir, que les noms connus sont les seuls qui attirent la foule.

Cet axiome, — admissible peut-être pour les livres, — est complétement faux pour les pièces.

Le lecteur, qui achète ou qui loue un roman,

sait bien que ce roman est de Dumas, de George Sand, de Féval ou de moi, — mais les trois quarts des spectateurs qui remplissent une salle de spectacle, écoutent, applaudissent ou sifflent, sans se douter du nom de l'auteur.

Les drames de Dumas et ceux de Victor Hugo (quand Victor Hugo faisait des drames), — les comédies de Dumas fils et celles de Ponsard sont, à coup sûr, les seules exceptions.

Est-ce que vous vous figurez que quand on joue *les Lionnes pauvres* ou le *Gendre de M. Poirier* (deux grands succès,) le public sait que les noms d'Emile Augier ou de Jules Sandeau sont sur l'affiche?...

Demandez-le-lui plutôt, à ce bon public!...

Chaque fois qu'il est arrivé à des artistes de talent de créer un rôle dans l'œuvre d'un inconnu, le public n'a pas fait défaut.

Est-ce le nom, obscur alors, de *Ponsard*, qui a fait l'immense succès de *Lucrèce?*...

Celui d'*Emile Augier* ne paraissait-il pas pour la première fois sur une affiche au moment où tout Paris courait applaudir la *Ciguë?*

Et cependant ces deux ouvrages avaient été déclarés injouables par le comité de lecture du Théâtre-Français.

Ce même comité qui, quelques années plus

tard, a refusé l'*Honneur et l'argent*, joué deux cents fois à l'Odéon devant des recettes colossales !...

— Ma foi, vivent les comités de lecture !...

Et pour en revenir aux théâtres de drames, est-ce que *Gaspardo le pêcheur* n'était pas le début de Bouchardy ?...

Mais MM. les directeurs n'admettent point ceci, et, très-sérieusement, certains d'entre eux préféreraient des chutes, signées de noms connus, à des succès presque anonymes.

Gilbert Pascal ne se doutait point de cela. — Le pauvre garçon ne devait l'apprendre que trop tôt, — ainsi que nous le verrons par la suite de ce récit ; — et voilà pourquoi, dans son ignorance, il se livrait à des espérances décevantes et suivait d'un œil charmé les mirages d'un avenir de gloire et de fortune littéraire.

Laissons-le se bercer, pour quelque temps encore, de cet espoir trop tôt déçu, et précédons-le dans la demeure de Maurice Torcy, vers laquelle il se dirige.

Nous allons y retrouver cette chaste et belle enfant que nous aimons déjà, — que bientôt, sans doute, nous aimerons plus encore, — cette fleur née sur le fumier, — ainsi que le disait Gilbert, et que Balzac, nous le croyons, l'avait dit avant lui, — Léontine Aubry, — la fille de l'infâme Léonidas.

Pauvre vierge aux enchères!... hélas! pauvre fleur à vendre!... — comment garderas-tu ta pureté, tes parfums?...

Qui te protégera contre les démons qui veillent?...

Qui te sauvera de cette boue qu'on veut faire jaillir sur toi pour la changer en or?...

XI

LÉONTINE

Franchissons, si vous le voulez bien, un intervalle de deux ou trois jours.

C'était la seconde fois que Léontine venait poser dans l'atelier de notre ami Maurice Torcy.

L'artiste était assis devant une grande toile, largement et vigoureusement ébauchée.

Une étroite cravate, ou plutôt un ruban à demi noué, faisait semblant d'attacher à son cou le col rabattu de sa chemise.

Il portait une vareuse de grosse flanelle rouge, semblable à celles qui font le plus bel ornement des *flambards* d'Asnières ou de Bercy.

Sa main gauche tenait la palette et l'appuie-main. Sa main droite maniait son pinceau avec une rapidité presque fiévreuse.

Léontine, placée sur une estrade auprès du poêle de l'atelier, était posée de trois quarts, dans une immobilité absolue.

Le cou de Léontine était nu, ses bras découverts ; ses longs et admirables cheveux blonds, libres de toute entrave, flottaient sur ses épaules.

Une draperie de velours noir, disposée en forme de tunique, cachait une partie de l'épaule gauche et faisait ressortir la blancheur nacrée des belles chairs fermes et satinées de la jeune fille.

Un rayon de soleil, qui semblait tout joyeux de caresser l'adorable créature, mettait des reflets d'or dans sa chevelure splendide, éclairait le sommet du front qu'il couronnait en quelque sorte d'une radieuse auréole, et donnait ainsi à l'ensemble de la physionomie une expression inspirée qui en rehaussait la chaste candeur.

Depuis vingt minutes environ, Maurice travaillait avec ardeur.

Il n'avait pas laissé échapper une seule parole, et la jeune fille n'avait point changé de position;

Seulement, les veines de son cou, un peu gonflées, décelaient un commencement de fatigue...

Maurice se leva tout à coup.

Il fit quelques pas en arrière.

D'un seul regard il enveloppa son modèle tout entier, puis, reportant ses yeux sur la toile, il fit un geste de satisfaction.

— Êtes-vous content, monsieur Maurice? — demanda Léontine avec une grâce timide et charmante.

— Oui, mon enfant.

— J'ai bien posé?

— Comme un petit ange que vous êtes!

— Continuez-vous?

— Non, je me repose un instant. — Faites comme moi, mon enfant, et déjeunez si bon vous semble. Je vais vous donner l'exemple...

Léontine se débarrassa de sa draperie, qu'elle plaça sur le haut d'un chevalet. Elle descendit de l'estrade sur laquelle elle avait posé.

Elle alla prendre un panier apporté par elle et mis dans un coin de l'atelier, et elle en tira un petit pain et une demi-bouteille remplie d'eau claire.

— Qu'est-ce que c'est donc que ça, mon enfant?... — demanda le peintre en la regardant faire.

— Ça, monsieur Maurice, c'est mon déjeuner... — répondit Léontine en rougissant.

— Comment! ma chère petite, vous allez encore manger du pain et boire de l'eau?...

— Oh! monsieur, j'y suis habituée.

— Trop habituée, hélas! — Mais qui donc vous empêche de changer quelque chose à ce triste régime?... — En ce moment, rien qu'avec moi, vous gagnez douze francs par jour, et je ne vous emploie que cinq heures...

— C'est vrai... — balbutia Léontine.

— Eh bien?...

— Eh bien, sur ces douze francs, mon père exige que je lui en donne dix...

— Et sans doute, vous économisez sur les humbles quarante sous qui vous restent, pour acheter quelques chiffons de toilette?...

— Oh! non, monsieur.. — s'écria vivement la jeune fille.

— Mais alors?...

Léontine hésita.

Puis elle dit, en baissant la tête et en rougissant de nouveau, comme si elle s'accusait d'une mauvaise action :

— Nous avons des dettes, monsieur, et je les paye peu à peu.

— Pauvre, pauvre enfant! — murmura le peintre ému jusqu'aux larmes. — Oh! vous êtes bien malheureuse!...

— Malheureuse, monsieur, mais non, car, grâce à vous, je ne suis plus battue, et mon père a pu acheter des vêtements d'hiver.

— Ah! ne me parlez pas de votre père, — interrompit Maurice, c'est un ivrogne, c'est un paresseux, c'est un...

— C'est mon père, murmura doucement Léontine.

— Vous avez raison, mon enfant, cent fois raison, et moi j'ai tort! — Vous êtes plus que bonne... vous êtes parfaite! — Mais toujours est-il que je ne veux pas que vous vous abîmiez l'estomac avec votre petit pain et votre bouteille d'eau... Vous allez déjeuner avec moi...

— Oh! non, monsieur, je vous en prie...

— Pourquoi donc?

— Je n'ose...

— Est-ce que je vous fais peur?

— Oh! monsieur Maurice...

— Voilà deux jours que vous travaillez chez moi; c'est peu, mais cela a dû vous suffire pour vous mettre au courant de mes façons d'agir...

— Jamais je ne tourmente mes modèles, même lorsque ces modèles sont des femmes qui aiment à être tourmentées; — à plus forte raison, celles qui, timides et craintives comme vous, veulent et doivent être respectées, sont-elles en sûreté auprès de moi autant qu'auprès d'un frère.

— Je sais bien que vous êtes un honnête jeune homme monsieur Maurice; aussi je voudrais pouvoir travailler chez vous longtemps... toujours...car les autres ateliers me font peur...

— Eh bien, puisque vous me connaissez, ne refusez donc pas ce que je vous demande... Allons, vous acceptez, n'est-ce pas?...

— Puisque vous le voulez absolument...

— Joseph! — dit vivement Maurice en allant ouvrir la porte de l'atelier, afin d'être entendu de son valet de chambre.

Ce dernier parut sur le seuil.

— Monsieur m'a appelé? demanda-t-il.

— Sers-moi à déjeuner sur-le-champ...

— Ici, monsieur?...

— Oui, et mets deux couverts. — Mademoiselle déjeune avec moi.

— A l'instant, monsieur, à l'instant!...

Joseph disparut et revint presque aussitôt apportant une petite table toute garnie.

Maurice prit Léontine par la main et la fit asseoir en face de lui.

La première partie du déjeuner fut silencieuse.

La jeune fille, extrêmement intimidée, mangeait à peine, et Maurice, absorbé dans ces préoccupations incessantes qui accompagnent l'enfantement d'une œuvre d'art, ne quittait guère des yeux l'ébauche placée sur le chevalet.

Tout à coup il parut secouer les préoccupations artistiques qui le dominaient.

— Léontine... — dit-il en s'adressant à la jeune fille.

Cette dernière leva sur lui ses grands yeux si beaux, si doux et si tristes.

— Monsieur ? — demanda-t-elle.

— Regardez un peu mon esquisse, je vous prie...

— Je la vois, monsieur, et c'est bien beau...

— Vous trouvez-vous ressemblante ?

— Oh ! oui, monsieur.

— Eh bien, je ne suis cependant pas absolument satisfait.

— Pourquoi donc ?

— Ce sont bien là vos traits, c'est bien là l'expression de votre visage, — mais ce n'est pas tout à fait l'expression de vos yeux !... — Aussi, a-t-on jamais rencontré un modèle avec de tels regards?... des regards plus beaux et plus divins que ceux de la Fornarina elle-même !... et cependant, c'est là ce qu'il me faut rendre !... — Voyez, cette femme, cette pâle épreuve de vous-même, a bien l'apparence de la tristesse, mais il lui manque cette angélique résignation empreinte sur vos traits, et qui est le caractère distinctif de votre physionomie... Un artiste passe sa vie entière à chercher cette poésie suave, cet idéal que vous m'offrez !... Je le trouve en vous ! vous êtes mon rêve réalisé !... — Resterai-je donc au-dessous de cette chance inouïe qui me favorise ? — Il faut que je retouche les yeux... — le regard, c'est l'âme elle-même !... — et votre regard est plus sublime encore ce matin qu'il ne l'était hier... — D'où vous vient-il donc, Léontine, ce regard douloureux et patient, ce regard de jeune madone qui devine les douleurs du calvaire de l'avenir?... — Soyez sincère avec moi, mon enfant, je vous en supplie... — Dites-moi si cette expression étrange et presque divine est habituelle à votre visage, ou si elle résulte de quelque secrète et profonde douleur?... — Pardonnez-moi ces indiscrètes questions, mais la solution du problème que je me pose est pour moi fort essentielle... — Vous comprenez que je ne saurais trop approfondir les secrets de la nature physique et morale... Sans cette étude, l'art se fait matérialiste et ment à sa mission divine...

— Je ne vous comprends pas très-bien, monsieur Maurice, et je ne sais que vous répondre.

— Êtes-vous disposée à me parler franchement.

— Oui.

— Bien vrai?

— Bien vrai.

— Je vais donc vous poser les questions de manière à vous rendre les réponses faciles... si vous voulez répondre...

— Je ne demande pas mieux, car je n'ai rien à cacher.

— Vous souffrez, n'est-ce pas... sinon dans votre corps, du moins dans votre âme?...

— Oh! certes!...

— Est-ce votre père qui vous rend malheureuse par ses mauvais traitements?...

— Oui... — balbutia Léontine, — mais...

La jeune fille s'interrompit.

— Il y a donc autre chose?

— Oui...

— Vous tyrannise-t-il d'une autre façon ? — demanda Maurice étonné.

Léontine fit un mouvement et entr'ouvrit les lèvres comme si elle allait répondre.

Mais elle s'arrêta. — Une belle teinte pourpre envahit successivement son cou, ses joues et jusqu'à son front.

Elle cacha son visage avec ses deux mains, et entre ses doigts fins et charmants coulèrent une à une de grosses larmes semblables à des perles qu'on dénoue.

Maurice se trompa à l'embarras de la jeune fille.

Il l'attribua à quelques chagrins d'amour contrarié.

Aussi reprit-il en souriant :

— Voyons, Léontine, ne rougissez pas ! — Je n'ai ni le droit ni l'intention de vous gronder, — parlez donc sans crainte; — je devine ce qui vous fait rougir et pleurer...

La jeune fille leva sur Maurice ses yeux agrandis par l'étonnement, et s'écria avec une vive expression de pudeur alarmée :

— Quoi, monsieur, vous sauriez?...

— Parbleu ! ce n'est pas difficile à deviner, ma pauvre petite!... Vous aurez eu affaire à quelque don Juan d'atelier, — peut-être à quelque fils de famille, à quelque viveur émérite, qui vous aura éblouie par ses belles paroles et par ses promesses, et même, qui sait? par une espérance de mariage... et aujourd'hui que vous voyez, — mais trop tard, hélas ! — que cette espérance était un rêve, vous vous en prenez à vos beaux yeux qui n'en peuvent mais !... Ah ! c'est une histoire vieille comme le monde que la vôtre, ma belle petite !... une histoire éternelle et presque sans variantes !... — Pour vous, comme pour les autres, en voici le dénoûment : oubli des amours passées... nouvelles joies des amours nouvelles...

— Que supposez-vous, monsieur Maurice ? — s'écria la jeune fille avec douleur, mais sans colère, bien qu'elle eût été blessée profondément par les paroles presque railleuses de l'artiste.

— Je pense... ce que je dis, ma fille.

— Ainsi, vous croyez que j'ai un amant ?...

— Jolie comme vous l'êtes, serait-il possible que vous n'en eussiez pas ?...

Léontine se leva brusquement.

— Monsieur ! — dit-elle d'un ton simple et digne.

— Allons, mon enfant, — reprit Maurice, dont nous connaissons le scepticisme absolu à l'endroit de la vertu des modèles, — allons, mon enfant, pas de sotte pruderie entre nous ! — Que diable !... ce serait ridicule !

Puis, convaincu que Léontine jouait une comédie invraisemblable, dans l'intention de l'abuser, il poursuivit avec un peu d'impatience :

— Du reste, ma chère, puisque vous tenez tant à vos secrets, gardez-les !... Ils sont à vous ! ils ne me touchent en quoi que ce soit, et je vous promets de ne plus vous les demander !...

Le peintre, après avoir prononcé ces mots, alluma une cigarette et retourna prendre place devant son chevalet.

Léontine, comprimant à grand'peine, malgré d'héroïques efforts, les sanglots qui l'étouffaient, regagna son siège, se drapa de nouveau dans la tunique de velours noir, et reprit sa pose.

Mais l'humiliation inattendue qu'elle venait d'avoir à subir l'avait frappée d'un coup trop douloureux pour qu'il lui fût possible de reconquérir à l'instant même son calme ordinaire.

En dépit de la contrainte qu'elle s'imposait, des larmes se firent jour de nouveau à travers ses longs cils et inondèrent son visage bouleversé.

Sa gorge se contracta.

Ses épaules se soulevèrent en des mouvements convulsifs, et elle éclata en sanglots.

Maurice, qui retouchait son tableau, se leva vivement, jeta sa palette et ses pinceaux et courut à elle.

— Mon Dieu! mon enfant, qu'avez-vous donc?... lui demanda-t-il en lui prenant les deux mains.

— Oh! que de souffrances!... que de souffrances!... — balbutia la pauvre fille qui renversa sa belle tête en arrière en une crise de suprême désespoir.

— Suis-je donc, sans le savoir, la cause de vos larmes? — fit Maurice avec émotion et intérêt. — Mes paroles, brutalement franches, vous auraient-elles offensée?... — Pardonnez-moi mes suppositions, je vous en supplie... — vous êtes si belle que je n'ai pu que bien difficilement croire à votre sagesse absolue...

— Et d'ailleurs, — interrompit Léontine avec amertume, — peut-on croire à la sagesse d'une jeune fille qui fait ce métier honteux de poser dans les ateliers!...

— Hélas! ma pauvre enfant, vous le savez

aussi bien que moi, la réputation des modèles n'est pas précisément inattaquée...

— Oh ! pourquoi mon père me contraint-il à gagner de cette horrible façon notre pain de chaque jour !...

— Il est donc vrai que vous ne posez que malgré vous ?

— Ah ! si j'étais libre de suivre mon chemin dans la vie...

— Que feriez-vous ?

— Je me ferais religieuse... sœur de charité.

— Quelle triste pensée !... A votre âge !... — sacrifier ainsi votre avenir !...

— Est-ce donc un sacrifice que de se consacrer toute entière à des œuvres de dévouement ?... — Est-ce donc un sacrifice que de soulager ceux qui souffrent ?... — Pour ma part, monsieur, je vous jure que je ne vois pas au monde de plus belle et de plus heureuse existence.

Maurice reprit entre les siennes l'une des mains de Léontine.

Cette main était brûlante.

Des tressaillements nerveux l'agitaient par instants.

A coup sûr, une fièvre violente venait de

s'emparer de la pauvre enfant, — il était impossible d'en douter.

Maurice sentit une conviction subite, un absolu respect, remplacer sans transition la défiance et le scepticisme qui, jusqu'alors, avaient mis son esprit en garde contre la candide et chaste apparence de Léontine.

XII

CONFIDENCE

— Ma chère enfant, — fit alors Maurice d'un ton doux et grave, — vous m'intéressez plus vivement que je ne saurais l'exprimer. — Vous souffrez, cela saute aux yeux, et si je puis adoucir vos peines, si je puis vous être utile en quoi que ce soit, je me mets de tout mon cœur à votre discrétion... — Je donnerais beaucoup pour qu'il me fût possible de racheter le mal que je viens involontairement de vous faire... — Aussi, ce que je vous demandais tout à l'heure par curiosité et comme étude, je vous le demande maintenant par intérêt et par affection... — Consentez à me répondre, je vous en aurai une profonde reconnaissance...

— Que voulez-vous savoir, monsieur Maurice ? — demanda la jeune fille touchée de l'expression fraternelle et compatissante des paroles de l'artiste.

— En émettant la supposition que vos chagrins provenaient d'un amour malheureux, je me trompais, n'est-ce pas ?...

— Oui, vous vous trompiez, car je n'aime personne, et personne ne m'aime.

— Que vous n'aimiez personne, je le veux bien, mon enfant, — mais la seconde partie de votre affirmation est plus difficile à accepter...

— Pourquoi donc ?

— Avec une beauté aussi éclatante que la vôtre, il est impossible que vous n'ayez jamais reçu de brûlantes déclarations...

— J'ai refusé d'entendre ceux qui voulaient me les adresser.

— Vous avez repoussé tous vos adorateurs ?...

— Oui, monsieur Maurice, — répondit Léontine avec fermeté. — Je comprends bien que cela vous étonne, car, dans ma position, on n'a pas le droit de se montrer si fière ; mais que voulez-vous ! je suis ainsi... — Si je n'avais pas ma sagesse, mon seul trésor, qu'aurais-je donc ?... — Mon enfance a été bien solitaire, bien triste, bien désolée ?... — je n'ai jamais connu la tendresse et les baisers de ma mère... — j'ai toujours été en butte aux mauvais traitements de mon père qui voudrait — je rougis de le dire — me pousser dans une mauvaise voie... — je n'ai eu personne à qui confier mes peines, à qui demander un conseil... — Sans appui, sans espérances, je n'ai trouvé de consolation que dans la prière... Si j'étais coupable, le bon Dieu ne voudrait plus m'entendre, et je serais tout à fait abandonnée...

En écoutant ces paroles si simples et si touchantes, — Maurice éprouvait de plus en plus l'impérieux désir d'apporter quelque soulagement à cette infortune si complète, et il en cherchait vainement le moyen.

Il ne pouvait mettre en doute la littérale et rigoureuse vérité de tout ce que la jeune fille venait de lui dire.

Il connaissait le honteux caractère et la misérable nature de Paul Aubry, et comprenait amèrement tout ce que la pauvre enfant avait à souffrir et avait à craindre auprès de ce père sans cœur et sans âme...

Il s'émerveillait, comme d'un prodige, de ce que la jeune fille eût pu conserver intacte son admirable chasteté, en vivant côte à côte avec les vices abjects et l'éhonté cynisme du vieux modèle.

Il regardait comme une chose complétement impossible que ce misérable n'eût pas songé à spéculer sur la beauté virginale de Léontine, et il frémissait en envisageant par la pensée toutes les luttes qu'elle avait dû avoir à subir pour rester pure.

Par respect pour la pudeur immaculée de cette âme éprouvée si cruellement, et si sainement belle, il n'osait interroger d'une façon pressante ni formuler nettement ses questions.

Il craignait d'offenser Léontine, et d'ailleurs il devinait suffisamment toute la vérité pour ne pas chercher à approfondir davantage ses désolants mystères.

Tout ce que nous venons d'écrire trop longuement se succéda dans son esprit en moins de quelques secondes.

Il suivit le cours de ses pensées, et il reprit à voix haute:

— Pourquoi ne prenez-vous pas un parti?...

— Eh! quel parti puis-je prendre, monsieur?...

— Le meilleur et le plus simple de tous...

— Je ne le devine pas...

— Celui de quitter votre père...
— C'est impossible !...
— Impossible, dites-vous ?...
— Oui.
— Pourquoi ?
— Mon malheureux père ne saurait se passer de moi ; — il s'est fait renvoyer de partout ; — il n'a pas de travail, et, si je l'abandonnais, peut-être commettrait-il de mauvaises actions pour se procurer du pain...

— Mais s'il s'est fait exclure de tous les ateliers, s'il est sans travail, comme vous dites et comme je le crois, n'est-ce pas sa faute, complétement sa faute ?

— C'est vrai, monsieur Maurice, — je le sais...
— Et, le sachant, vous avez encore de la pitié pour lui ?...
— Je le dois.
— Non, vous ne le devez pas !...
— C'est mon père !...
— Mais il vous fera mourir à la peine !...
— Je le crois, — répondit simplement Léontine.

Maurice frappa violemment du pied.

La sourde colère qui, depuis un instant, grondait dans son âme, venait enfin de faire explosion.

— Corbleu ! — s'écria-t-il, je ne veux pas, non, je ne veux pas que vous souffriez ainsi!...
— Cet état de choses ne peut durer plus longtemps !... — Ou Dieu n'est pas juste, ou je l'empêcherai !...

— Comment l'empêcherez-vous ?

— Je parlerai à votre père...

— Oh ! monsieur Maurice...

— Tantôt, je vous reconduirai moi-même ; je monterai chez lui, et je lui ferai entendre raison...

— N'en faites rien, je vous en conjure !...

— Ah bah ! et pourquoi donc ?...

— Pour bien des raisons...

— Lesquelles ?...

— D'abord, il vous répondrait peut-être grossièrement... et je souffrirais trop si je vous voyais insulté à cause de moi...

— Ne craignez rien, chère enfant !... — Est-ce là tout ?

— Non.

— Qu'y a-t-il encore ?...

Léontine baissa la tête et balbutia :

— S'il vous voyait venir...

La jeune fille s'interrompit.

— Eh bien ?... — demanda Maurice.

— Il croirait...

Léontine s'arrêta de nouveau.

— Que je suis votre amant, peut-être ? — acheva le peintre, éclairé par l'hésitation du modèle.

— Oui, — répondit Léontine, aussi rouge qu'une pivoine en fleur.

— Et s'il croyait cela, — poursuivit Maurice, — il vous maltraiterait sans doute ?..

Léontine leva sur l'artiste ses grands yeux candides.

Puis elle murmura en baissant la tête :

— Oh ! vous ne connaissez pas mon père !...

Maurice regarda son interlocutrice à son tour, et il devina tout à coup la pensée qu'elle n'osait pas exprimer.

— Quoi ! — s'écria-t-il, — votre père ?... — Oh ! malheureuse, malheureuse enfant ! — C'est horrible ce que je suppose, et pourtant cela est vrai, n'est-ce pas ?...

— Vous voyez bien, monsieur Maurice, — poursuivit Léontine, — vous voyez bien qu'il vaut mieux que vous ne vous occupiez pas de moi, car si mon père avait ces idées qui vous révoltent, il serait capable de tenter un éclat, dans l'espérance...

— Que cela lui rapporterait quelque chose ? — dit brusquement Maurice qui marchait à grands pas de long en large dans l'atelier et qui s'arrêta devant son modèle.

Léontine ne répondit pas, mais de la tête elle fit un geste affirmatif.

— Eh bien, soit ! — dit-il, — qu'il ait cet espoir infâme !... — Après tout, que vous importe ?... — Votre conscience est pure, et s'il ne faut que jeter une poignée de louis à cet homme pour vous voir moins malheureuse, tranquillisez-vous ! — Je ne suis pas bien riche, mais je le suis assez cependant pour qu'un si minime sacrifice soit pour moi possible et facile...

— Mais alors je serais perdue !... perdue aux yeux de tous !... — s'écria Léontine. — Non !... non !... mieux vaut souffrir encore, souffrir cent fois plus, souffrir toujours, et n'avoir à rougir devant personne !... — Dites, monsieur Maurice, n'êtes-vous pas de mon avis ?...

— Mon avis, Léontine, — répondit l'artiste en ployant à demi et involontairement le genou devant son modèle, — mon avis est que vous êtes une sainte et admirable créature, et que Dieu vous doit une éternité de joie dans le ciel pour vous dédommager des tortures qu'il vous impose sur la terre...

Maurice s'interrompit pour essuyer sa paupière que mouillait une larme furtive.

Puis il reprit :

— Oh ! si ma mère, si mon angélique mère vivait encore, elle trouverait des paroles pour vous consoler... des paroles sorties de son cœur et qui iraient tout droit au vôtre !... — Moi, malheureusement, je ne puis rien ou bien peu de chose, car vous avez raison, je suis trop jeune pour protéger une fille de votre âge et de votre beauté, et là où il n'y aurait qu'une bonne et pure action qui ferait sourire les anges, le monde verrait un marché honteux... — Mais, tel que je suis, je vous le répète du plus profond de mon âme, je suis entièrement à vous, et je vous supplie de disposer de moi si vous en avez besoin...

— Merci, monsieur Maurice, — répondit Léontine avec émotion et en serrant la main que l'artiste lui tendait, — merci ; moi aussi, de toute mon âme !...

— Voyons, cherchons bien, cherchons ensemble... — puis-je vous être bon à quelque chose ?

— Vous pourrez, du moins, adoucir un peu mes chagrins ?...

— Comment ?... Parlez vite !... — j'attends, je suis prêt...

— Croyez-vous avoir besoin de moi longtemps ?...

— Quinze jours ou trois semaines environ...

— Seulement trois semaines... — balbutia Léontine.

— Craignez-vous donc de manquer de travail ?

— Non... mais...

— Mais ?...

— Je crains d'aller dans d'autres ateliers... — J'ai tant souffert dans ceux où je suis allée avant de venir ici... — C'étaient des paroles, des plaisanteries, que je comprenais mal, mais qui me faisaient rougir !... On se moquait de mon embarras... — on m'appelait prude et bégueule... on voulait me faire souper avec d'autres femmes, et lorsque je m'enfuyais chez mon père en lui racontant mes humiliations de chaque heure, de chaque minute, il me menaçait, il me frappait, il me contraignait de retourner dans ces ateliers maudits que je n'osais fuir ! — Oh ! j'ai cruellement souffert, allez ! — tandis que depuis trois jours que je viens ici, vous vous êtes montré si bon pour moi qu'en posant devant vous j'oublie toute la honte du métier que je fais, — il me semble presque je que pose pour mon portrait, — et puis, grâce à l'argent que je rapporte chaque soir, mon père est moins dur pour moi...

— Ainsi, votre désir serait de travailler longtemps ici ?

— Oh ! oui !... — Mais pardonnez-moi... — je suis bien indiscrète de vous parler ainsi...

— Indiscrète ! — s'écria Maurice, — le pensez-vous donc ? — Il m'est enfin possible de faire pour vous quelque chose, et voici déjà que vous doutez de moi !

Et, tout en parlant, il prit la plus large de ses brosses, il la trempa dans le bitume, et il la passa à deux ou trois reprises sur la toile ébauchée que supportait le chevalet placé devant lui.

Ceci achevé, il jeta cette toile à l'autre bout de l'atelier.

— Que faites-vous donc ? — demanda Léontine avec inquiétude.

— Ce que je fais ? s'écria Maurice, — ne le devinez-vous donc ?... — je prépare, à vous et à moi, six mois de travail... oui, six mois... ensuite nous verrons...

— Comment ? que voulez-vous dire ?

— Je veux dire que je n'exposerai pas cette année, Léontine, mais que l'année prochaine j'enverrai au musée une composition splendide !... — J'ai mon tableau... il est là, tout entier, dans ma tête !... et c'est un chef-d'œuvre !... — Si de ce tableau doit résulter pour moi quelque gloire, vous en aurez la moitié, et c'est à vous que je la devrai toute entière !...

— A moi ?...

— A vous... Léontine... à vous !...

— Je ne vous comprends pas... — murmura la jeune fille, presque effrayée de l'exaltation de l'artiste.

— Vous allez me comprendre... — Voulez-vous que je vous montre, ce tableau dont je parle ?

— Il existe donc ?...

— Je vous répète qu'il existe là ! — répondit Maurice en se frappant le front. — Ecoutez donc ou plutôt regardez !... — Ce tableau, c'est une scène de votre vie — celle dont nous sommes en ce moment les deux acteurs !... — Voyez, un intérieur d'atelier, où déborde la divine poésie de l'art... — Un artiste penché devant sa toile et la palette au poing... — En pleine lumière, une belle et chaste jeune fille, rougissante et confuse, cachant ses épaules nues avec ses grands cheveux et ses deux petites mains... — puis, dans les demi-teintes et comme repoussoir, la figure repoussante et grimaçante du père qui contraint la pauvre créature à accomplir le travail détesté ! — Hein ! qu'en dites-vous ? — Oh, je sens là que je ferai une grande et belle chose ! Ne me remerciez donc pas, car vous voyez bien que c'est moi, au contraire, qui vous dois des actions de grâces. Or, pour mener à bien mon œuvre, il me faut au moins six mois de travail, car il ne suffit pas que vous posiez en modèle intelligent, — il faut que vous me racontiez votre vie, vos angoisses passées, — votre honte et votre douleur en prêtant pour la première fois votre beauté candide au pinceau d'un de mes confrères ! Je veux être dans le vrai, je veux faire du *réalisme* sérieux et consciencieux, — je veux que mon tableau soit saisissant, et comme vous me rendrez un immense service, en dehors de ceux que je suis en droit d'attendre d'un modèle ordinaire, nous fixerons désormais le prix de chacune de nos séances à vingt francs... — De cette façon, votre père sera content, n'est-ce pas ?...

— Oh ! monsieur Maurice... je ne puis... je ne dois pas accepter...

— Pourquoi donc ?

— Songez... une pareille somme, tous les jours... pendant six mois !

— Bah ! — je ferai trois pastels pour lesquels

vous poserez en dehors de l'intervalle des séances ordinaires... trois pastels à mille francs l'un — j'en ai le placement...

— Mais...

— Pas de *mais*... — Je vous préviens que si vous me refusez, je prends un autre modèle... — je fais une abominable croûte, — je manque mon avenir, — et je vous mets tout cela sur la conscience, car, de tout cela, c'est vous qui serez la cause...

— Mon Dieu ! que vous êtes bon !... et comment vous remercier ?...

— En ne me remerciant pas, et en acceptant... — Allons voilà qui est convenu ! — Ici, au moins, vous serez sans inquiétude, — nous travaillerons en causant, — vous me direz vos peines et vos espérances, — je serai votre ami... — je serai votre frère... — votre *frère*, entendez-vous bien ? — Jamais un mot, jamais un geste ne viendra vous faire rougir... je crois n'avoir pas besoin de vous le promettre...

— Oh ! je le sais ! je le sais ! — s'écria vivement la jeune fille.

— Vous êtes adorable, mais je saurai rester assez maître de moi pour ne pas devenir amoureux ! — Enfin, si ce... malheur arrivait, en six mois, on ne sait pas ce qui peut résulter de nos rapprochements quotidiens, je vous jure que je ne vous le dirai pas ! — Vous voyez bien que tout est prévu et que vous n'avez rien à craindre !...

XIII

UNE PAIRE DE PÈRES

— Voyons, Léontine, — demanda Maurice après un silence, — êtes-vous contente ?

— Je suis plus que contente, monsieur Maurice, — répondit la jeune fille, — je suis heureuse !...oh ! bien heureuse !...

— Alors, vous vous sentez un peu rassurée ?

— Entièrement.

— Et l'avenir ne vous fait plus peur ?

— Oh ! non !...

— Bien vrai ?...

— Bien vrai.

— Alors, ces beaux yeux-là n'ont plus de raison pour pleurer... — Un sourire bien vite, et séchons ces larmes...

— Ah ! — s'écria Léontine en ployant involontairement les genoux, — que Dieu est bon, comme je le remercie !...

— Pourquoi le remerciez-vous, mon enfant ?...

— Parce que c'est lui-même qui m'a conduite ici...

Et tout en prononçant ces paroles, Léontine, ne pouvant parvenir à dominer l'émotion qui débordait en elle, saisit une des mains de Maurice et s'efforça de la porter à ses lèvres.

L'artiste retira vivement cette main.

— Que faites-vous, mon enfant ? — demanda-t-il ensuite en s'éloignant de deux ou trois pas.

— Suis-je donc coupable ? — balbutia la jeune fille dont les joues devinrent écarlates.

— Non, certes, vous n'êtes pas coupable !... — mais est-ce ainsi que l'on agit entre frère et sœur, et vous vous souvenez bien qu'il est convenu que nous le sommes... — Allons ! tendez-moi votre front, — mes lèvres en l'effleurant vous diront toute la sainteté de la chaste affection que je ressens pour vous...

Léontine obéit.

La bouche de Maurice s'appuya doucement sur le beau front du modèle.

Certes, les anges durent sourire en voyant ce baiser si chaste et si pur, cette caresse si fraternelle.

Le cœur de Léontine se gonfla d'une douce émotion. — Deux grosses larmes, — mais qui n'étaient point amères, vinrent perler sous ses paupières abaissées.

Maurice, de son côté, se sentait beaucoup plus ému qu'il ne voulait le paraître.

La joie d'accomplir une bonne action remuait profondément sa noble et généreuse nature, et, en dépit de lui-même, il sentit ses yeux se voiler, et il rendit larmes pour larmes à la pauvre fille dont il voulait adoucir les chagrins et modifier la triste vie.

En ce moment précis, le ciel, sombre depuis un instant comme un ciel d'hiver s'éclaircit tout à coup.

Deux nuages s'écartèrent, et un rayon de soleil, pénétrant dans l'atelier comme une flèche d'or, vint illuminer ces deux visages jeunes et beaux, rendus plus beaux encore par une émotion généreuse et sincère.

On eût dit que Dieu abaissait son regard bienveillant sur ces deux enfants, qu'il souriait à la pureté de leur âme et de leurs pensées, et qu'il agréait l'hymne muet de reconnaissance qui de leurs cœurs montait jusqu'à lui.

. . . .

Quelques minutes après la scène charmante que nous venons de très-imparfaitement décrire, Gilbert Pascal, revenant du Théâtre-Français, où nous l'avons suivi dans l'un des précédents chapitres, faisait son entrée dans l'atelier de son ami.

Il trouvait Maurice penché sur les pages blanches d'un album et jetant sur le vélin la rapide esquisse du tableau dont l'idée lui était venue en contemplant Léontine. Cette dernière, qui avait repris sa place sur l'estrade destinée aux modèles, posait immobile sous les yeux de l'artiste.

Tandis que ceci se passait dans l'atelier de la rue Pigale, nous prions nos lecteurs de nous suivre dans la rue Neuve-Saint-Augustin et de s'arrêter avec nous en face d'une grande maison de belle apparence.

Que nos lecteurs, — s'ils sont pressés, — se rassurent, — ils n'attendront pas longtemps.

Deux de nos anciennes et peu estimables connaissances sortirent de cette maison : Léonidas le modèle, et Adolphe Galimand, son digne acolyte.

Les traits jadis beaux de Léonidas et le visage trivial et flétri de Galimand exprimaient une joie cynique.

Ils se donnaient le bras.

Le modèle fredonnait à demi-voix un air de bravoure, — son compagnon battait la mesure avec sa canne.

Après quelques pas dans la direction du boulevard, ils s'arrêtèrent d'un commun accord et se regardèrent.

— Où allons-nous? — demanda Léonidas.

— Nous allons z'où tu voudras...

— As-tu faim, Adolphe?...

— Toujours! — Et toi, z'as-tu soif?...

— Comme si que j'avais la pépie...

— Alors, ça t'irait de tortiller n'importe quoi z'avec queques fioles de cachet vert?...

— C'est-z'à-dire que ça m'irait comme un habit neuf...

— Pour lors, allons-y gaiement!...

— Connais-tu z'un bon endroit par ici?...

— Oui.

— Où donc?...

— A cent pas, tout au plus, — rue Basse-du-

Rempart, un petit marchand de vin fricoteur qui cuisine comme un dieu !...

— Ah ! ah !...

— Il a z'en cave un argenteuil qui n'est pas piqué des z'hannetons, et c'est le premier homme de Paris pour les boudins à l'oignon et les côtelettes aux cornichons...

— Diable !...

— Aussi sa clientèle est quelque chose de cossu et de distingué... tous les gens comme il faut du quartier, jusqu'aux cochers de M. Bryon...

— Si c'est possible !...

— Parole d'honneur !...

— Ce gueux d'Adolphe !... connaît-il les bons endroits ?...

— Un peu, mon vieux !...

Tout en devisant de cette façon, les deux hommes s'étaient remis en marche.

Ils atteignirent et traversèrent le boulevard, et ils ne firent halte que dans la boutique du marchand de vin susmentionné d'une si élogieuse manière.

Ils commandèrent un splendide déjeuner, dans lequel, — avons-nous besoin de le dire ? — les boudins aux oignons et les côtelettes aux cornichons étaient les plats de résistance.

Quelques minutes après, tous deux s'attablaient, en face l'un de l'autre, dans une petite salle obscure, baptisée du nom de cabinet particulier, et saturée des parfums douteux de l'ail et des hostiles émanations du vin frelaté.

— Enfin, mon brave Léonidas, — dit Galimand en trinquant avec le modèle, avant de porter à ses lèvres la première rasade, — enfin, es-tu content ?...

— Z'assez ! — répondit Léonidas.

— Tu vois que la chose marche comme sur des roulettes...

— Je n'en disconviens point.

— C'est que la Belzébuth z'est une honnête femme, ah ! mais !

— Elle me produit tout à fait cet effet-là !...

— Tu vas empocher tes deux mille balles...

— J'en ai le folâtre espoir !...

— J'imagine que quand tu vas avoir dans ta poche les jaunets du banquezingue, ton intention z'est de m'offrir un *balthazard* assez soigné ?...

— Sois calme, sois calme !... — on se fendra et on n'oubliera pas les amis...

— A la bonne heure !... c'est parler, cela !

— Voilà comme je suis.

— Enfin, tout est bien entendu...

— Dame ! il me semble...

— Demain soir, à six heures z'et demie, nous dînons avec ta fille chez la Belzébuth, mon illustre amie...

— Convenu ! archiconvenu !...

— Tu feras habiller Léontine le mieux possible...

— Parbleu !...

— La petite, un peu requinquée, sera belle comme une madone, sais-tu bien !...

—. Tout le portrait de son père !... — soupira Léonidas en lissant ses longs cheveux gras.

— Le banquezingue sera pris au trébuchet.

— Ni plus ni moins qu'un pierrot trop amoureux...

— Et, désormais, tu pourras dormir tranquille, z'à l'instar de moi-même, car tu auras assuré le sort de ton enfant, comme celui de ma Paméla...

— C'est z'un devoir, Adolphe !... c'est un devoir !...

— Ah ! nous allons être, je m'en vante une paire de pères crânement vertueux !... — A ta santé, Léonidas !... vive la noce et la bamboche !...

XIV

UN BANQUIER

Parmi la collection si riche, si variée, si infinie de vices de tous genres qui enlaidissent et ridiculisent notre pauvre et triste humanité, il en est quelques-unes que des circonstances particulières, pour ainsi parler, *aggravantes*, rendent plus hideux encore.

Tel est, par exemple, le libertinage effréné de certains vieillards.

Si la débauche, — cette plaie vivace, — cette lèpre qui ronge le corps et l'âme, — usant l'un et annulant l'autre, — qui détruit successivement tous les sentiments généreux de la jeunesse et les annihile au profit des passions mauvaises, — si la débauche, disons-nous, est déplorable à contempler chez des hommes assez jeunes encore pour en pouvoir combattre et dominer la fatale influence, que dire de celle qui gouverne en reine toute-puissante, en souveraine et arrogante maîtresse, des vieillards avilis par elle ?

Qui conduit dans la fange des êtres dont les pieds chancelants heurtent déjà les bords de la tombe, et qui devraient consacrer leurs dernières années et leurs jours à donner aux générations qui les suivent de sages conseils et de sérieux exemples ?...

Que dire enfin de ces roués à cheveux blancs, — de ces pères de familles insensés, qui, bien loin de se montrer jaloux de mériter et d'obtenir le respect de leurs fils, ne songent qu'à lutter de sottise et de dépravation avec ces derniers, et se sentent tout glorieux et tout joyeux quand ils ont remporté le prix de la lutte ?...

Nous ne connaissons dans aucune langue une épithète assez flétrissante pour stigmatiser comme ils le méritent ces méprisables fous secouant d'une main débile les grelots de leur marotte sexagénaire.

Et, par opposition, quoi de plus noble, de

plus imposant, de plus charmant même, que ces beaux vieillards à l'aspect doux et solennel ?

Leur front pur se couronne, comme d'une auréole, de leur chevelure argentée, — leur regard limpide et profond est sévère et bienveillant tout à la fois, — ils sont indulgents pour les passagères erreurs d'une jeunesse trop bouillante, — ils sont sages pour le conseil, — ardents encore pour l'exécution, lorsque de généreux sentiments agitent leur âme, — ils retrouvent la vigueur et l'élan des années disparues, pour donner à leurs petits-fils attentifs les grands exemples du courage et de la noblesse...

Fiers à juste titre d'une longue existence sans tache, honnêtement occupée dans des labeurs intelligents, ils aiment à tendre une main pleine d'encouragements à ceux qui posent le pied sur les premiers degrés de l'échelle dont ils occupent le sommet.

Véritables patriarches du monde moderne, leur unique joie, leur seule ambition est de terminer leur carrière dans les joies de la famille, sous le toit qui, grâce à leur travail incessant, s'est lentement agrandi pour offrir une aimante hospitalité à toute la tribu des enfants et des petits-enfants.

Mais si ces nobles et grands vieillards sont le touchant symbole de la supériorité de la race humaine et la plus magnifique expression de son développement moral, — ceux que nous avons inutilement cherché à qualifier plus haut, n'en sont-ils pas le côté dégradant et justement méprisé ?...

Et, par malheur, la classe en a toujours été et en sera toujours effroyablement nombreuse.

Un fait incontestable, et tristement digne de remarque, c'est que les êtres sans pudeur que nous signalons se rencontrent surtout dans les régions de la haute banque.

En effet, sans parler des classes pauvres, dont les dernières années payent d'ordinaire, par des infirmités nombreuses, les excès du travail d'une trop laborieuse existence, la petite bourgeoisie ne nous offre que rarement ces types honteux de pères donnant à leurs enfants l'exemple d'une débauche attardée, qui n'a plus pour excuse l'entrain et la fougue de la jeunesse.

Puis, le fond du caractère de cette classe de la société est un désir incessant d'acquérir, une crainte constante de tout plaisir dispendieux qui peut entraîner la ruine à sa suite.

Ces instincts, économes et conservateurs, éloignent forcément les petits bourgeois de toute dépense inutile.

Ce n'est pas précisément vertu.

C'est encore moins larges vues et sage prévision de l'avenir.

C'est tout simplement amour de conserver, désir d'amasser, besoin inné d'augmenter.

Mais ces défauts, minimes dans leurs proportions comme tout ce qui les entoure, se recommandent cependant par leur alliage habituel avec une qualité d'autant plus appréciable qu'elle devient plus rare de jour en jour.

Je veux parler du respect de la famille et du bon exemple donné aux enfants par les parents.

Dans l'aristocratie, — et c'est de la réelle et grande aristocratie que nous parlons, — les chefs de famille ont, en général, un culte trop sérieux pour le nom qu'ils portent, pour ne pas le conserver pur.

La plupart de ces patriciens se livrent à des travaux de haute intelligence, — s'adonnent aux profonds calculs des sciences politiques, — étudient le mécanisme de ces rouages sans nombre qui font marcher les machines gouvernementales et qui ne se détraquent que trop souvent pour le repos de tous.

Bien peu désertent leur foyer blasonné pour se livrer à de ridicules escapades.

Dans la classe financière, au contraire, dans celle qu'un insatiable désir de s'aristocratiser pousse à prendre le titre de *haute bourgeoisie*, dans celle-là, la dépravation règne et gouverne en maîtresse absolue.

Nous ne parlons, bien entendu, qu'en thèse générale ; nous sommes prêt à admettre les exceptions, et nous souhaitons même qu'elles se présentent nombreuses.

Dans la classe financière, disions-nous, les principaux mobiles de la vie sont l'amour du lucre et la passion du luxe.

Là, les vices pullulent, et ils sont hideux, — quel que soit le soin avec lequel on les farde et surtout avec lequel on les dore.

Pourquoi, depuis quelques années, voit-on les filles de marbre et les filles de plâtre pulluler sur le pavé de Paris dans de si effrayantes proportions ?...

La raison en est simple.

Il faut attribuer ce débordement de corruption féminine à ces rapides et scandaleuses fortunes qui résultent des fluctuations incessantes de la bourse, cette caverne que nous ne saurions comparer qu'à la forêt de Bondy, de pillarde mémoire.

Nous savons bien que le matérialisme épais et brutal a, de tout temps, été l'un des principaux attributs de messeigneurs les gens de finance. — Nous savons bien que les traitants et les fermiers généraux lui élevaient jadis de nombreux autels. — Mais doit-on pardonner au vice parce que, de tout temps, il eut de fervents adorateurs ?

Franchement, nous ne le croyons pas.

N'allez pas supposer au moins, cher lecteur, que notre intention soit d'entreprendre ici l'inutile et gigantesque travail qui consisterait à mettre en lumière les ridicules, les travers, les passions mauvaises de la race des financiers.

A quoi bon ?

D'innombrables volumes n'apprendraient rien à ceux qui les liraient, et ne corrigeraient point ceux que nous attaquerions le plus impitoyablement.

Revenons à nos moutons, — c'est-à-dire à ces vieillards sans pudeur qui souillent leurs cheveux blancs dans les joies honteuses du libertinage et de la débauche.

Nous disions que c'était surtout parmi les hommes de bourse et de banque que se rencontrent ces vieux fous qui cachent sous une perruque artistement juvénile l'ivoire jauni de leurs crânes dénudés, — qui teignent leurs moustaches et leurs favoris, — qui sanglent dans des ceintures baleinées leur abdomen majestueux, qui s'efforcent en un mot, mais en vain,

« De réparer des ans l'irréparable outrage !... »

Nous devons ajouter, pour être juste, que certains vieux diplomates en disponibilité et bon nombre d'ex-généraux hors d'âge méritent à tous égards de figurer dans cette galerie de grotesques, — se font les protecteurs des jeunes danseuses et des pécheresses émérites, — tutoient avec orgueil et bonheur les figurantes de l'Académie impériale de musique et les polkeuses de Mabille et du Ranelagh, — sont de tous les bals d'actrices et de courtisanes à la mode, et ne manquent jamais, les jours de ballet, de venir occuper à l'Opéra leur fauteuil d'orchestre.

Ah ! si la réflexion pouvait faire jaillir un éclair de bon sens de ces cerveaux usés et détraqués, comme ces Adonis goutteux rougiraient du rôle extravagant qu'ils acceptent bénévolement !...

Mais, de ce qu'ils se font illusion à eux-mêmes, ils concluent fort illogiquement qu'ils doivent, de la même façon, faire illusion au public, et ils ne s'aperçoivent pas que le piédestal sur lequel ils se posent ne sert qu'à les mettre mieux en vue, pour les exposer, comme à un pilori bouffon, aux railleries et aux huées des spectateurs, et même à celles de leurs compagnons de plaisir.

Quoi de plus repoussant, à tous les points de vue, que cette union libertine entre une pauvre créature de vingt ans, si perdue qu'elle soit d'ailleurs, et un *Géronte* de soixante et dix, qui s'efforce de jouer les *Valère* et les *Clitandre* ?...

Détail curieux, mais irrécusable, malgré son invraisemblance, plus l'homme vieillit, plus il lui faut une maîtresse jeune !

Pauvres niais, combien vous le payez cher, ce droit de donner le titre de *maîtresse* à des créatures qui vous trompent avec leur coiffeur, — avec le fils de leur concierge, ou avec le jeune premier de quelque petit théâtre, — et souvent avec tous les trois !

Que direz-vous à vos fils, quand vous les verrez quitter la ligne droite pour s'engager dans les mauvais chemins ?...

Quel poids auront vos paroles auprès de vos filles, dont vos exemples funestes détruiront l'innocence et causeront peut-être la chute ?...

Est-ce que chaque reproche échappé de vos lèvres ne reviendra pas vous frapper en pleine poitrine ?

Mais, des reproches, songerez-vous seulement à en adresser à ceux sur qui vous devriez veiller ?

Non !... — et si le trouble et le malheur viennent s'abattre sur votre famille, vous vous soucierez peu d'y rétablir l'ordre et la paix; et vous vous en irez gaillardement souper aux Frères-Provençaux, en compagnie de mesdemoiselles Tata et Nichette, et d'autres drôlesses dont les sobriquets enfantins vous sont si chers.

Et quand la mort viendra vous toucher de sa griffe puissante, — quand vous disparaîtrez de ce monde, où vous avez si mal vécu, — qui vous pleurera ?

Personne !

Qui songera à vous ?...

Vos héritiers, — jusqu'à la complète liquidation de l'héritage !

Ceux de nos lecteurs qui ont bien voulu nous suivre dans cette longue digression, auront certainement compris, — du moins nous nous plaisons à le croire, — que cette digression avait un but, et que ce n'est point sans motif que nous l'avons placée dans cet endroit de notre livre.

Empressons-nous de leur dire que s'ils ont cru cela, ils ne se sont point trompés.

Notre intention, en effet, est de mettre en scène, dans les pages suivantes, un nouveau personnage qui va jouer un rôle dans notre récit, et qui, par son âge, sa position, son caractère et ses allures, appartient à la classe de ces vieillards méprisables sur lesquels nous venons de nous étendre si longuement.

M. de Vaunoy est un homme de soixante-deux à soixante-cinq ans, — grand de taille, — rouge de teint, et blanc de cheveux.

Son père, ancien fournisseur des armées impériales, s'était enrichi par des rapines sans nombre.

Possesseur, dès sa majorité, de capitaux importants, le jeune Vaunoy, doué au plus haut point de l'entente des affaires, participa à toutes les grandes opérations financières.

Sa fortune colossale, — ses succès constants à la bourse, — sa maison de banque, en relations avec tous les principaux comptoirs des capitales européennes, — la particule nobiliaire dont il a trouvé bon de faire précéder son nom, — lui ont valu une douzaine de décorations étrangères qu'il étale en brochette à la boutonnière de son habit.

Marié de bonne heure à une très-riche héritière, il n'a jamais cessé d'être ce que le monde appelle un *excellent mari*, c'est-à-dire qu'il a vécu de son côté, en une parfaite indépendance, laissant sa femme absolument libre et maîtresse de ses actions.

Il a deux filles, — mariées l'une et l'autre, et l'une et l'autre mères de famille, ce qui le constitue bien et dûment grand-père, quoiqu'il affiche les plus juvéniles prétentions.

Nous avons dit qu'il était grand.

Nous devons ajouter qu'un notable embonpoint alourdit sa taille, jadis svelte, bien prise et cambrée.

Des pieds énormes, plats et épais, roturiers dans toute la force du terme, constituent d'ailleurs une base fort rassurante pour la complète sécurité de l'édifice qu'ils supportent.

Ses mains, confortablement plébéiennes, sont

en rapport avec ses extrémités inférieures et menacent sans cesse de faire éclater à toutes les coutures les gants paille qui les étranglent sans pouvoir les amincir.

Son cou très-court, très-gros, très-apoplectique, s'emmanche sur des épaules carrées, — véritables épaules de portefaix, — surmontées d'une tête aux oreilles larges et rouges.

Ses joues flasques et pendantes rejoignent son double menton, — sa bouche est lippue et sensuelle, — ses petits yeux gris étincelants disparaissent à moitié sous d'épais sourcils en broussailles, soigneusement teints en noir, mais tirant le plus souvent sur le vert russe.

Deux splendides boutons en diamants, d'une valeur de dix mille écus, tout au moins, attachent la chemise de fine toile de Hollande de M. de Vaunoy, et ses amis intimes ont fait la remarque que, quelle que fût d'ailleurs sa toilette, quelle que fût l'heure à laquelle on le rencontrât, les deux boutons étaient invariablement fixés à leur place habituelle.

De là, les amis avaient naturellement conclu que les boutons en question faisaient partie intégrante de l'individualité du banquier.

Nous qui n'avons jamais eu l'honneur de

compter au nombre des familiers du personnage qui nous occupe, nous dirons tout simplement que M. de Vaunoy ne tenait autant à ne se jamais séparer de ses boutons, que parce que leurs étincellements, qui révélaient le millionnaire, avaient valu à leur propriétaire trois fois heureux bon nombre d'œillades provoquantes et de soupirs pleins de promesses, souvent réalisées.

Le moyen d'être cruelle avec un homme qui porte à sa chemise des diamants de dix mille écus ?...

Les Lucrèces de l'Opéra et les vertus de la Bohême galante sentaient se fondre leur chasteté sous les rayons de ces merveilleux bijoux.

M. de Vaunoy, du reste, apportait un soin extrême dans les moindres détails de sa mise, et le plus méticuleux des censeurs de la fashion financière n'aurait point trouvé l'occasion de formuler un blâme de quelque importance à l'endroit du grand œuvre de sa toilette.

Au moral, le banquier offrait un assemblage bizarre de qualités et de défauts opposés et qui hurlaient de leur accouplement imprévu.

Fastueux, — prodigue même, répandant l'or à pleines mains et sans compter, lorsqu'il s'agissait d'éblouir le public ou de satisfaire quelque fantaisie clandestine, M. de Vaunoy se montrait d'une sordide avarice dans les moindres détails de la vie.

Il payait sans murmurer et sans marchander un bracelet de cent louis, un cachemire de mille écus, lorsque ces coûteuses bagatelles lui devaient procurer ses petites entrées dans le boudoir d'une pécheresse en vogue...

Il soldait, sans mot dire, le lourd mémoire du tapissier d'une actrice du Palais-Royal ou des Variétés...

Il laissait son maître d'hôtel puiser largement dans sa caisse, le jour où il réunissait ses *collègues* et ses flatteurs à un grand dîner, en une soirée, ou dans un bal...

Il faisait tout cela, et il cherchait querelle à son jardinier pour l'acquisition de quelques fleurs qui lui semblaient trop coûteuses...

Il voulait obtenir de son bottier une diminution sur le prix de ses chaussures...

Il menaçait son valet de chambre de le jeter à la porte, parce qu'une boîte de cigares avait trop rapidement diminué.

Fier, orgueilleux, irascible avec ses inférieurs, il affichait bien haut son prétendu mépris pour les titres de noblesse, quoiqu'il eût, nous le savons, ajouté un *de* à son nom plébéien.

Courtisan assidu des grands et des puissants du jour, il se montrait fort désireux d'ouvrir à deux battants les portes de son salon aux invités aristocratiques qui, parfois, s'y fourvoyaient...

Il avait applaudi tout haut, mais en gémissant tout bas, à la loi qui proclamait l'abolition des majorats, car il caressait au fond de son cœur le secret espoir de faire un jour ériger une de ses terres en *baronnie* ou en *comté*.

Fidèle abonné de l'Opéra, dont les coulisses lui étaient ouvertes par droit de conquête, — il connaissait par leur petit nom toutes ces demoiselles du corps de ballet, et il affectait les airs du monde les plus ridiculement Régence et Pompadour pour prendre le menton à celle-ci, et proposer à celle-là un souper en tête à tête au *Café Anglais*.

Jupiter de la finance, il trouva toujours ouvertes les fenêtres ou les portes des Danaés modernes qui, après avoir reçu la pluie d'or, redoublaient assez habituellement d'amabilité dans l'espoir d'une seconde averse.

Enfin, — et pour achever ce portrait par une

dernière touche qui complétera la ressemblance.
— M. de Vaunoy affirmait très-sérieusement et très-sincèrement à ses amis que ses maîtresses lui étaient fidèles et qu'elles l'aimaient *pour lui-même*, exclusivement et sans partage.

L'agréable financier qui nous occupe, — au jour et à l'heure où nous le mettons en scène, — était assis devant une toilette duchesse, dans la chambre à coucher de son hôtel de la rue de Provence.

De la main gauche il tenait un petit miroir, et de la droite une brosse dont il se servait pour donner une dernière couche de teinture à ses favoris noirs et luisants.

Debout derrière lui, son valet de chambre s'apprêtait à disposer artistement les massifs de son faux toupet (un chef-d'œuvre de Giovanni!) de façon à dissimuler le mieux possible les rides du front et les flétrissures des tempes.

Cette délicate et minutieuse opération terminée, M. de Vaunoy, déjà vêtu d'un pantalon noir qui le sanglait à outrance, et d'un gilet blanc qui lui comprimait violemment le torse, M. de Vaunoy, disons-nous, endossa un frac bleu à boutons d'or.

Puis il se tourna et se retourna, se mirant avec complaisance dans toutes les glaces et sous tous les aspects.

Après cet examen de sa personne, qui d'ailleurs parut le satisfaire d'une façon complète, le banquier s'arrêta en face de son valet de chambre et l'interrogea du regard.

Le valet, fort habitué sans doute à cette question muette, répondit à l'instant même :

— Monsieur le baron est prodigieux !... d'honneur, on ne lui donnerait pas vingt-huit ans !...

Vaunoy, dans son intérieur, permettait assez volontiers à ses gens de l'appeler *monsieur le baron...*

— Vingt-huit ans ! — répéta-t-il en minaudant à la façon des vieilles coquettes de Molière et de Regnard... — Allons ! allons ! Germain, tu me flattes !...

— Ma foi non, monsieur le baron !...

— Si bien conservé que je puisse être, je parais bien au moins trente-cinq ans...

— Impossible d'en convenir !... Tout ce que je puis faire, c'est d'accorder la trentaine à monsieur le baron...

— Le fait est que la tournure est leste, la hanche souple et le jarret dégagé...

— Je ne connais aucun cavalier qui puisse rivaliser de grâce et d'élégance avec monsieur le baron...

— Cet habit me va-t-il bien ?...

— Comme un gant! — Il est d'ailleurs impossible de ne pas habiller miraculeusement monsieur le baron, qui donnerait du *chic* et du *genre* à l'habit d'un tailleur de village...

M. de Vaunoy sourit.

Les flatteuses appréciations de son valet de chambre formulaient très-exactement sa propre pensée.

Après un silence de quelques secondes, il reprit:

— Germain, mes gants...

— Les voici, monsieur le baron...

Vaunoy se ganta, non sans peine, et à grand renfort de poudre de savon.

— Germain, mon chapeau.

Vaunoy ajusta sur le côté droit, d'une façon crâne et conquérante, un chapeau anglais de la forme la plus nouvelle.

— Germain, cette lettre qui est là, sur la cheminée...

— La voici, monsieur le baron...

Vaunoy prit la lettre déjà décachetée et déjà lue.

Il la parcourut du regard, et il murmura, d'un ton moitié haut et moitié bas :

— C'est bien pour dix heures... — J'ai près d'une heure et demie devant moi !... — Quelle femme utile et charmante que cette chère madame Belzébuth !...

Puis, tout haut :

— Germain !...

— Monsieur le baron !...

— Le coupé est-il attelé ?

— Oui, monsieur le baron... — Antoine est sur son siége depuis près d'une demi-heure.

— A merveille... — Mon pardessus.

Germain enveloppa le banquier dans un twine moelleux venu de Londres en droite ligne.

Ensuite, il demanda :

— Devrai-je attendre monsieur le baron ?...

— Non, — je rentrerai probablement fort tard, — peut-être même pas du tout...

— Monsieur le baron me permet-il d'oser formuler une supposition ?...

— Formule, mon ami Germain, formule...

— Eh bien, monsieur le baron va en bonne fortune...

— Qui te fait supposer cela ?...

— La grande habitude que j'ai de voir monsieur le baron... — Le regard de monsieur le baron brille comme une véritable escarboucle quand monsieur le baron court se jeter dans les bras de quelque heureuse amante...

— Tu ne te trompes pas, mon ami Germain, — répliqua Vaunoy avec le sourire d'un triomphateur, — et jamais plus jolie prêtresse ne fut au moment de sacrifier à l'amour, que celle qui m'attend dans les *bosquets de Paphos!*...

Et après avoir donné à son valet de chambre cet échantillon de style anacréontique et mythologique, le banquier quitta sa chambre et descendit l'escalier, l'œil émerillonné et le jarret tendu.

XV

RUE NEUVE-SAINT-AUGUSTIN

M. de Vaunoy monta en voiture, et donna l'ordre à son cocher de toucher au cercle du boulevard Montmartre, où il avait l'habitude de se rendre chaque soir après son dîner.

Arrivé là, il renvoya ses gens, — il gagna le premier étage, et il entra dans les salons élégants du club où il fut accueilli avec toute la considération qu'il méritait.

Il y passa environ une heure.

A dix heures moins un quart il en sortit, en annonçant qu'il reviendrait peut-être faire un whist vers minuit ou vers une heure du matin ; il alluma un cigare, et, comme le temps était beau et sec, il suivit pédestrement les boulevards dans la direction de la rue de Grammont.

Sans doute il allait chez la Belzébuth, qui, nous le savons, demeurait rue Neuve-Saint-Augustin.

Or, ce soir-là, — nous le savons également, — Léontine, Léonidas et Galimand dînaient chez la respectable protectrice de mademoiselle Paméla.

Léontine, en apprenant par son père l'invitation inattendue de la Belzébuth, avait senti je ne sais quel secret instinct de terreur s'éveiller dans son âme.

Elle s'était demandé, mais vainement, quels motifs la pouvaient faire inviter ainsi par cette femme qu'elle ne connaissait pas.

Enfin, elle avait essayé un refus timide.

Léonidas, exaspéré par ce refus, s'était abandonné à toute sa brutalité habituelle.

Léontine, menacée par lui, — presque maltraitée, — s'était vue dans l'impossibilité de résister plus longtemps.

Au moment où M. de Vaunoy sonnait discrètement à la porte de la Belzébuth, Léonidas, Galimand et leur hôtesse se trouvaient seuls dans la salle à manger.

Léontine n'était plus avec eux.

Retournons de quelques pas en arrière, et disons à nos lecteurs ce qui s'était passé avant ce moment.

— Eh bien ! — s'était écrié Galimand en arrivant chez son ami Léonidas, qu'il venait chercher pour le conduire avec sa fille au dîner de l'entremetteuse, — eh bien ! z'est-elle prête, la petite ?...

— Dans l'instant, — répondit le vieux modèle, — fort occupé à réussir un nœud triomphant à son énorme cravate de mérinos noir, et se regardant avec complaisance dans un fragment de miroir suspendu contre la muraille.

— Qu'est-ce qu'elle fait ? — reprit Galimand.

— Elle se fignole, — répliqua Léonidas, — histoire de donner z'un dernier coup de fion à ses z'ajustements... — elle obtempère aux z'ordres z'impératifs de son père ici présent... Cré coquin !... je te promets et je te garantis, Galimand, qu'elle fera z'honneur à ses introducteurs dans la haute sociliété...

— J'entends bien ; mais, cependant, faudrait voir z'à se dépêcher un petit peu !...

— Pourquoi donc ça ?... nous ne sommes point z'en retard...

— Non, — mais j'ai z'en bas z'un sapin à l'heure...

— Et tu ne voudrais pas faire attendre le ver rongeur?...

— Parbleure !...

— Compris ! — on y va dire de mettre les lacets en quatre !...

Et Léonidas, s'approchant de la porte qui donnait dans la seconde pièce, cria à Léontine de sa voix enrouée et canaille :

— Eh ! hop ! petiote !... — finissons ça en deux temps z'et trois mouvements !... — Le sapin nous attend, et Galimand n'est pas content !...

— Plus que ça de rimes !... — dit le père de Paméla en riant.

— Voilà comme je suis !... je ne me refuse rien !... je parle en *verses*, comme les chansons de *mossieu* Béranger... un rude lapin !...

On entendit tirer un verrou, la porte s'ouvrit, et Léontine, complétement habillée, entra dans la pièce où les deux hommes l'attendaient.

La jeune fille était vêtue avec une simplicité presque pauvre dans ses détails, et cependant élégante dans son ensemble.

Une petite robe de soie noire, achetée jadis

au Temple, humble robe, bien flétrie et bien fanée, semblait encore à peu près neuve, tant elle dessinait avec grâce la taille souple et charmante de Léontine.

Un col plat et des manchettes unies se détachaient sur cette robe.

Un mantelet de taffetas noir et l'unique chapeau de la pauvre enfant complétaient cette toilette.

Des gants de peau de Suède, raccommodés avec une patience et une habileté féeriques, cachaient les mains mignonnes qui faisaient, nous le savons, l'admiration de Maurice Torcy.

— Me voici, mon père, je suis prête, — dit Léontine en évitant de jeter les yeux sur Galimaud, qui lui inspirait un insurmontable dégoût.

Mais l'honorable ami de Léonidas affectait de ne se point apercevoir de cette répugnance.

— Tron de Dious ! — s'écria-t-il, en donnant à ce juron l'intonation marseillaise et en frappant ses deux mains l'une contre l'autre avec un grotesque enthousiasme, — tron de Dious !... comme vous voilà donc belle z'et reluisante, mamzelle Léontine !... — Parole sacrée, c'est pis qu'un soleil, et même que j'en ai mes yeux z'éblouis !...

— Ah ! le fait est, — répliqua Léonidas avec conviction, — le fait est que la petiote est z'astiquée, comme qui dirait d'une demoiselle de la haute, et que je la croirais susceptible de donner dans l'œil z'à n'importe qui...

— Parbleure ! — fit Galimand avec une grimace de satyre en goguette.

Puis il ajouta :

— Et, z'à présent, attention au commandement !... — Par le flanc droit, demi-tour z'à droite !... — pas accéléré !... z'arche !...

Et il sortit le premier en se dandinant et en imitant avec sa grosse canne les mouvements d'un tambour major.

Le père et la fille le suivirent.

Léonidas était radieux ; — Léontine sentait sa tristesse s'augmenter, et ses pressentiments sinistres grandissaient de minute en minute, de seconde en seconde.

Nos trois personnages montèrent dans ce fiacre que Galimand appelait son *ver rongeur*, et qui se mit lourdement en route dans la direction de la rue Neuve-Saint-Augustin.

Le père de Paméla et le vieux modèle allumèrent aussitôt leurs pipes, et Léontine fut obligée de tenir son visage à la portière pendant toute la durée du trajet, sous peine d'être suffoquée par l'odeur âcre et nauséabonde du mauvais tabac de contrebande qui brûlait dans les *marseillaises* ultra-culottées.

Enfin la voiture s'arrêta.

On était arrivé à la maison de la Belzébuth.

L'entremetteuse demeurait au second au-dessus de l'entre-sol.

Les deux hommes et la jeune fille gravirent les marches du large escalier, recouvert d'un épais tapis, et Galimand agita d'une main ferme le gland cramoisi de la sonnette.

— Bonjour, petite, — dit-il d'un ton cavalier à la femme de chambre qui vint ouvrir, — c'est moi que je suis le père de Paméla, et voici mon ami z'et sa demoiselle... — La *bourgeoise* nous attend tous les trois...

— Entrez, — fit la soubrette en souriant.

— Ah ! c'est que je suis connu z'ici, et avantageusement, je m'en pique ! — murmura Galimand avec un écart de poitrine.

Et il passa.

Après avoir traversé un grand salon, dont le luxe voyant et de mauvais goût étonna Léontine qui n'avait rien vu de pareil chez les artistes qu'elle connaissait, Galimand frappa à une porte qui s'ouvrit aussitôt, et madame Belzébuth elle-même daigna se montrer aux regards de ses visiteurs.

L'entremetteuse était une femme courte et grosse, d'une tournure plus que vulgaire et d'un âge indécis.

Elle pouvait n'avoir que quarante-cinq ans, — elle pouvait en avoir plus de cinquante.

Pour nous servir d'une expression fort acceptée dans le mauvais monde, la Belzébuth se *maquillait* à outrance.

Ses rares cheveux, vigoureusement crêpés, connaissaient les utiles ressources de l'eau africaine et des cosmétiques rajeunissants.

Le blanc en liqueur, — le rouge végétal, — le carmin des sultanes, etc... s'étalaient en façon de pastel sur ses joues flasques et couperosées et sur ses lèvres livides.

Ses dents étaient bien à elle et remarquables par leur éclat de qualité supérieure. — Elle les avait payées, argent comptant (sans escompte), chez un William Roger ou chez un Fattet quelconque.

Ses *appas* volumineux et flottants, — ignorant la contrainte du corset, comme on disait au commencement de ce siècle, — retombaient en cascades luxuriantes presque jusque sur la ceinture de sa belle robe d'un damas de soie de première catégorie, qui coûtait, ma foi, vingt-deux francs le mètre.

Ajoutez à ces détails un bonnet à rubans d'un rose vif, — des boucles d'oreilles de corail, — des bracelets jusqu'aux coudes, — des bagues à tous les doigts de ses mains d'une forme triviale, — une volumineuse chaîne de montre, — un col de guipure, — des bas de soie, — des babouches algériennes brodées d'or, — et vous aurez une idée à peu près exacte de la personne et de la toilette de madame Belzébuth.

Disons en outre que ses lèvres peintes souriaient sans cesse, d'un sourire à peu près pareil à celui des danseuses dans l'exercice de leurs fonctions, — et que ses petits yeux gris et clignotants offraient une remarquable expression d'astuce et de duplicité.

XVI

LA BELZÉBUTH ET LÉONTINE

— Bravo! — s'écria la Belzébuth avec le plus gracieux de ses sourires stéréotypés, — bravo!... mes convives sont exacts!

Puis elle ajouta, en prenant les deux mains de Léontine dans les siennes et en les serrant avec toutes sortes de démonstrations expansives :

— La voilà donc, cette chère biche, cette gentille chatte, que je désirais si vivement connaître et dont on m'avait dit tant de bien, que je croyais, Dieu me pardonne, à quelque peu d'exagération!... — Je vois maintenant qu'on ne m'avait pas trompée!... — Qu'elle est jolie!

— qu'elle est mignonne!... qu'elle est gracieuse!... — Mais c'est un ange!... un véritable ange!... je n'ai jamais rien rencontré d'aussi parfait!... — Allons, ma belle petite, venez vous asseoir auprès du feu, et chauffez bien vite ces jolis pieds de Cendrillon!... — Ah! mais, c'est que nous allons devenir une paire d'amies, savez-vous!... Quant à moi, je sens déjà que je vous aime à la folie.

Et la Belzébuth accompagnait d'une foule de caresses cet inépuisable flux de paroles.

— Hein! *quelle platine!...* murmura Galimand en donnant un grand coup de coude à Léonidas.

— Ah! le fait est, — répliqua ce dernier, — que pour une langue bien pendue, voilà z'une langue bien pendue...

— Qu'est-ce que tu dis de ça, Léonidas?

— Je dis, Galimand, qu'une enjôleuse de ce calibre-là entortillera la petite aussi facilement que nous boirions z'un verre de vin, toi z'et moi, et que l'enfant n'y verra que du feu!...

Tandis que ces répliques s'échangeaient à voix basse entre les deux gredins, Léontine, tout étourdie par la turbulente loquacité de la Belzébuth, ne savait que répondre.

L'entremetteuse, sans s'inquiéter du silence de la jeune fille, poursuivit :

— Allons ma cocotte, allons, mon petit poulet mignon, ôtons bien vite notre mantelet et notre chapeau... mettons-nous à notre aise.

Et, joignant l'action aux paroles, la Belzébuth enleva lestement le chapeau et le mantelet de Léontine et poussa de grandes exclamations d'admiration et de ravissement à la vue de sa taille et de ses cheveux.

Galimand, fort enchanté de prouver à Léonidas qu'il était dans la maison sur un pied de familiarité absolue, interrompit l'extase de l'entremetteuse en s'écriant d'un ton cavalier :

— Eh bien ! ma commère, est-ce qu'on n'offre pas l'absinthe aux amis, histoire de leur z'y ouvrir l'appétit, pour qu'ils soient mieux z'à même de faire z'honneur au dîner ?

— Si, parbleu ! — répondit la Belzébuth en dissimulant une grimace de mécontentement, car le sans-façon de Galimand ne lui plaisait qu'à demi.

Elle sonna et elle dit à la soubrette qui se présenta :

— Servez de l'absinthe à ces messieurs...

Tandis que les deux hommes préparaient le pernicieux breuvage qui, chaque jour, fait plus de victimes que l'arsenic ou que l'acétate de morphine, l'entremetteuse s'étonnait *in petto* du peu d'admiration manifesté par la jeune fille en présence des splendeurs de la pièce dans laquelle elle se trouvait.

Cette pièce (la chambre à coucher de la Belzébut) était en effet meublée avec une grande richesse.

Les chauffeuses, les poufs, les *crapauds*, recouverts en lampas de couleur bouton d'or, tranchaient violemment sur le tapis d'un rouge vif.

La pendule et les candélabres, entièrement dorés, affectaient les formes prétentieuses et le style maniéré du Louis XV de pacotille.

Le lit était en imitation de Boule, l'armoire à glace également.

Sur le papier cramoisi qui servait de tenture, quatre médiocres copies, d'après Boucher, étalaient, dans des cadres surchargés d'ornements, les formes grassouillettes de leur Vénus indécentes.

Une triple chaîne argentée suspendait à la rosace du plafond une veilleuse en albâtre dont les reliefs représentaient des scènes amoureuses.

— Qu'est-ce que vous dites de tout cela, ma

biche blanche ? — demanda la Belzébuth à Léontine qui, nous le savons, semblait indifférente à toutes ces merveilles.

— Tout cela est très-beau, madame... — répondit la jeune fille.

— Vous n'aviez jamais rien vu de pareil, n'est-ce pas?

— Jamais, madame.

— Vous seriez bien heureuse, j'imagine, d'avoir un ameublement comme celui-là ?...

— Je n'ai pas l'idée d'ambitionner autant de luxe, madame.

— Pauvre cher amour !... et pourquoi donc ne pas avoir un peu d'ambition ?...

— Si j'avais de l'ambition, ce n'est pas cela que je souhaiterais... — Les beaux meubles font-ils le bonheur ?

— Parbleu !.. ils y contribuent beaucoup, du moins.

— Je ne sais pas de quelle façon.

— Est-elle naïve, et simple, et gentille !... — s'écria la Belzébuth avec enthousiasme, — c'est à la croquer, cette cocotte-là !

Puis elle reprit :

— Et dites-moi, selon vous, ma chérie, qu'est-ce donc qui fait le bonheur ?...

Léontine soupira.

— *Cœur qui soupire n'a pas ce qu'il désire!...*
— fit la Belzébuth en riant, c'est connu comme le loup blanc, ça, ma belle biche, — mais soupirer n'est pas répondre... — Allons, un peu de franchise avec votre bonne amie, — laissez-moi vo'r ce qui se passe dans cette jolie tête...

— Mon Dieu ! madame, balbutia Léontine, — il me semble que pour moi le bonheur serait bien facile et bien peu exigeant... — Je n'ai guère de besoins et je n'ai pas de désirs... — le luxe ne me séduit pas... — qu'en ferais-je ? — Vivre tranquillement d'un travail honorable, dans une obscurité modeste, voilà tout ce qu'il faudrait pour me rendre heureuse.

— Vous vous contentez vraiment de trop peu de chose, ma petite ! — s'écria la Belzébuth avec un éclat de rire contraint et grimaçant, — de trop peu de chose, en vérité !

— Vous voyez bien que non, puisque ce qui vous semble si peu, je ne puis pas même l'obtenir.

— Quand on n'a pas l'expérience de la vie, on se fait comme ça des idées absurdes à propos de toutes sortes de choses, — mais ça changera.

— J'en doute, madame.

— C'est moi qui vous en réponds.

Léontine ne voulait pas discuter, elle garda le silence.

Madame Belzébuth reprit :

— Jeune, jolie, séduisante autant qu'on puisse l'être, ce n'est pas l'obscurité qu'il vous faut, — c'est la lumière, c'est l'éclat. — Vous ressemblez aux petites violettes qui se cachent sous l'herbe, et qui n'en sont pas moins toutes joyeuses quand on les met dans de beaux bouquets avec des roses mousseuses et des camellias.

— Je ne sais pas si elles sont joyeuses, mais je sais qu'on les cueille avant de les mettre dans les bouquets dont vous parlez, et que le lendemain elles sont mortes et flétries... — Est-ce là le bonheur, madame?...

— Mazette! — murmura la Belzébuth en aparté, — la petite est d'une jolie force!

Puis elle ajouta mentalement :

— Inutile de chercher à la prendre par les sentiments, — va donc pour les grands moyens!

— Je pense que nous allons nous mettre à table, — dit-elle ensuite ; — je vais donner un coup d'œil à la cuisine et recommander qu'on ne laisse pas brûler le rôti...

Et l'entremetteuse sortit de la chambre.

Pendant sa courte absence, Galimand et

Léonidas ne s'occupèrent qu'à siroter leur absinthe avec une muette et religieuse volupté.

Quant à Léontine, assise auprès du feu, elle éprouvait un malaise étrange.

Une immense tristesse s'emparait de son être tout entier, — son cœur se gonflait à se briser, — de grosses larmes perlaient sous ses longs cils et tombaient une à une sur ses joues.

Vainement elle se demandait d'où pouvait venir cette angoisse, semblable à celle de quelqu'un qui va mourir. — Vainement elle se disait qu'elle était folle de se laisser abattre ainsi par cette douleur sans cause et de courber la tête sous cette épouvante sans motif.

Comme une jeune poitrinaire qui voit sa dernière heure approcher, elle regrettait la vie, si triste cependant pour elle; — elle regrettait les rayons du soleil, — elle regrettait l'atelier de Maurice Torcy...

Et, de minute en minute, elle en arrivait à se dire avec une conviction plus désespérée, que c'en était fait d'elle, et quelle ne reverrait jamais ni le soleil, dont les rayons la réchauffaient, ni le jeune artiste, dont les paroles consolantes faisaient battre son cœur.

En ce moment, la Belzébuth rentra dans la chambre.

XVII

LE VIN MUSCAT

— A table !... à table !... — dit l'entremetteuse, la soupe est sur la table, ne la laissons pas refroidir...

Léonidas et Galimand poussèrent un houtra d'enthousiasme.

Madame Belzébuth saisit Léontine par le bras et l'entraîna.

Les deux vieux gredins se prirent par la taille et suivirent les deux femmes en exécutant une polka grotesque.

La salle à manger offrait ce confort prétentieux et odieusement bourgeois qui se retrouvait dans toutes les pièces de l'appartement de l'entremetteuse.

Un tapis épais et chaud, mais vulgaire, couvrait le parquet ; — la table, les étagères et les chaises étaient en acajou sculpté, — bois infâme, et que je ne saurais trop vouer à la très-juste exécration de la postérité, comme étant le bois chéri des portiers de Paris, et des filles mal entretenues.

Un vaste abat-jour vert, illustré de burlesques ombres chinoises, concentrait les rayons lumineux d'une lampe Carcel suspendue au plafond.

Le linge était beau, — l'argenterie massive, — les porcelaines beaucoup trop dorées, — les cristaux beaucoup trop taillés ; mais l'ensemble du service, — au point de vue de madame Belzébuth et de beaucoup de gens infiniment plus estimables que cette matrone, — constituait le *nec plus ultra* du luxe et du bon goût.

Des vins de toute sorte et de toutes couleurs étincelaient, comme des pierres précieuses en fusion, dans des carafons à facettes.

— Faut être franc z'et sincère ! — s'écria Galimand en s'arrêtant sur le seuil, tout pénétré d'une religieuse émotion, — j'ose avancer que ceci dégote z'assez proprement les galas les p'us chicocandards de toutes les Majestés couronnées!...— Qu'est-ce que tu dis de ça, Léonidas ?..

— Ah! dame! — répliqua le vieux modèle, — je dis que j'en ai comme qui dirait z'un éblouissement!...

— Mes pauvres amis, — fit la Belzébuth avec une feinte modestie, — ne vous extasiez pas ainsi pour si peu, — ça n'en vaut vraiment pas la peine ; — j'ai dix fois mieux que tout cela dans mes armoires...

— Si c'est possible! — murmurèrent les deux hommes.

— Oui, mes petits vieux, et je le réserve pour de meilleures occasions... — quand je reçois des gens comme il faut, par exemple, — ajouta l'entremetteuse, sans penser à mal.

Du reste, ses convives, — hâtons-nous de le dire, — ne songèrent pas un seul instant à se formaliser de la phrase incidente que nous venons de rapporter.

La susceptibilité des deux gaillards s'effarouchait difficilement, — surtout en face d'une table copieusement servie.

Chacun s'assit, et la Belzébuth fit placer Léontine à côté d'elle.

Le repas fut excellent.

Les vieilles femmes extrêmement vicieuses

sont en général, et peut-être sans exception, effroyablement gourmandes. — Tous les vices se donnent la main !...

L'entremetteuse, corrompue et riche, se faisait un dieu de son ventre, et depuis que l'âge l'avait forcée à renoncer d'une façon à peu près complète aux joies de la débauche, elle mettait les plaisirs de la table au-dessus de tous les autres.

La digne matrone savourait donc avec une volupté sans mélange les jouissances de la victuaille, — mais elle avait adopté une spécialité dans la goinfrerie.

Elle faisait peu de cas de ces gibiers et de ces poissons qui s'acquièrent au poids de l'or. — Bartavelles, coqs de bruyère, faisans dorés, gelinottes, truites du lac de Genève et sterlets du Volga, n'avaient point ses sympathies.

Elle dédaignait ces condiments infernalement délicieux que l'Angleterre nous envoie.

Les sauces espagnoles, les veloutés, les essences de gibier du Cuisinier royal, étaient sans charme pour elle.

Ce qu'il lui fallait, c'étaient de bons petits plats canaille longuement mijotés et relevés par de savantes additions des quatre épices classiques, d'ail et de ciboulette.

Sa cuisinière savait introduire d'innombrables variantes et d'ingénieuses innovations dans la préparation de ces mets, grâce auxquels la Belzébuth, chaque jour, dînait royalement, sans se douter qu'elle partageait les goûts culinaires de Sa Majesté le roi Louis, quinzième du nom.

Pour le palais de l'entremetteuse la truffe était sans parfum, et l'oie grasse et tendre, bourrée de saucisses et de marrons, lui paraissait le plus délicieux de tous les rôtis.

On comprend qu'un dîner de ce style, servi pour MM. Léonidas et Galimand, ne pouvait manquer d'obtenir tous les suffrages de ces convives éclairés, et c'est ce qui arriva en effet.

Si les goûts de la Belzébuth paraissaient exclusifs et quelque peu vulgaires à l'endroit des mets, ils ne l'étaient point pour tout ce qui concernait les vins.

La cave de l'entremetteuse pouvait passer pour irréprochable; — les meilleures années des meilleurs crus s'y donnaient rendez-vous, et le Château-Laffitte, retour de l'Inde, y côtoyait fraternellement le Xérès authentique, le Chambertin et le vin royal de la Romanée-Conti.

Il nous paraît inutile de dire que Léonidas et Galimand se sentaient infiniment décidés à faire honneur, et même trop d'honneur, à la cave de leur hôtesse.

Cette dernière ne paraissait d'ailleurs nullement disposée à leur faire une loi de la modération, et les nombreux flacons disséminés sur la table semblaient paraphraser éloquemment ce vieux proverbe, cher aux ivrognes :

Quand le vin est tiré il faut le boire!...

Aussitôt que l'installation de nos quatre personnages fut complète, la Belzébuth, parfaitement convaincue que Léonidas et Galimand ne se laisseraient manquer de quoi que ce fût, s'occupa de Léontine d'une façon très-particulière et très-assidue.

— Voyons, ma belle biche blanche, — lui dit-elle, — de quel vin vous offrirai-je?... — Préférez-vous le bourgogne, ou voulez-vous du bordeaux?... Tous les deux sont excellents.

— Je ne prendrai ni de l'un ni de l'autre, madame...

— Et pourquoi donc cela, mon trésor?...

— Je ne bois jamais de vin, madame...

— Que buvez-vous donc, alors?...

— De l'eau.

— Ah! par exemple, voilà qui est joli!... Votre pauvre estomac doit s'en bien trouver!

— Je suis d'une santé excellente.

— Il le faut bien, pauvre petite chatte, car sans cela il y a longtemps que vous auriez été tuée par un pareil régime ! — Jamais de vin ! — ah ! mon Dieu !...

— Mais je ne l'aime pas, madame...

—Chez le père Léonidas, où il est exécrable, du vin bleu au litre sans doute, je comprends cela, — mais ici c'est bien différent...

En ce moment, Léontine se souvint d'avoir bu quelques gouttes de vin chez le jeune peintre, lorsqu'elle avait partagé son déjeuner, et elle fut forcée de s'avouer que ce vin ne ressemblait point à celui qu'elle allait chercher pour son père dans un cabaret de la barrière.

Cependant, sans pouvoir se rendre compte du motif qui la poussait à agir ainsi, elle essaya de persévérer dans son refus et elle se versa un grand verre d'eau.

Mais la Belzébuth n'était point femme à se tenir pour battue.

Elle fit un signe à la camériste qui circulait autour de la table, et qui enleva prestement la carafe et le verre de Léontine avant que cette dernière eût eu seulement le temps de l'approcher de ses lèvres.

— Oh ! que nenni, ma belle biche blanche ! — s'écria l'entremetteuse en donnant amicalement un petit coup du revers de sa main sur la joue de la jeune fille, — oh ! que nenni !... — je ne souffrirai point que vous me fassiez cette injure de boire de l'eau chez moi et de ne point goûter à mon vin ! — Il faut vous résigner, ma cocotte, je vous préviens que je serai la plus entêtée de nous deux. — Prenez donc votre parti de bonne grâce, et laissez-vous faire...

Puis, se tournant vers la soubrette, la Belzébuth ajouta :

— Fifine, donne-moi le flacon de vin muscat, — il est là-bas, sur l'étagère du milieu.

Le flacon demandé était en imitation de verre de Venise et tout constellé de petites étoiles d'or.

Son contenu étincelait comme des topazes liquéfiées.

La Belzébuth remplit à demi le verre de Léontine, et, le soulevant, elle l'approcha des lèvres de la jeune fille.

— Mais, madame... — voulut dire cette dernière.

L'entremetteuse l'interrompit et s'écria d'une voix dont l'accent devenait impérieux, malgré sa douceur de commande :

— Il n'y a ni mais ! — ni si ! — ni car ! — Buvez !...

Léontine comprit qu'un nouveau refus de sa part irriterait décidemment son hôtesse.

Elle prit le parti d'obéir et elle vida son verre avec une résignation qui se métamorphosa à l'instant même en une agréable surprise.

Le vin muscat — dont la pauvre enfant ne s'était fait jusqu'alors aucune idée — lui paraissait le plus délicieux de tous les breuvages, — et elle sentait une douce et vivifiante chaleur se glisser dans ses veines avec chaque goutte de ce vin généreux.

La Belzébuth comprit à merveille ce que la physionomie de la jeune fille disait si clairement.

— Eh bien, ma chatte blanche, demanda-t-elle à Léontine, — que pensez-vous de cette effrayante médecine, et consentez-vous à vous relever de votre vœu de tempérance?...

— Je ne savais pas... — babultia Léontine.

— Eh bien, maintenant, vous savez, et vous allez boire...

Et l'entremetteuse remplit le verre de la pauvre enfant.

— Mais, madame... je crains...

— Quoi?... de vous griser, peut-être?... Allons donc, ma biche!... on voit bien que vous n'avez point l'habitude des repas *soignés* et de la *belle société;* sans cela, vous sauriez aussi bien que moi que le vin muscat ne grise pas plus que de l'eau... — plus l'on en a bu, plus l'on en peut boire, et c'est même à cause de cela qu'on l'a surnommé *le vin des dames...* — Allons, à votre santé. — Hé! hop! avalez-moi ça en deux temps et trois mouvements!

La Belzébuth vida son verre avec une promptitude toute magistrale, et Léontine rougissante fut forcée d'en faire autant.

Léonidas et Galimand n'avaient pas perdu un seul détail de la petite scène qui précède, et, voyant le résultat obtenu par l'entremetteuse, ils se regardaient en souriant.

XVIII

LES DÉBUTS DE JUSTINE

A partir de cet instant, le repas devint d'une gaieté folle, — du moins pour la Belzébuth et pour les deux hommes.

Ces trois misérables échangeaient de joyeux propos, chantaient des refrains grivois et applaudissaient aux obscènes lazzis qu'ils débitaient à tour de rôle avec un cynisme éhonté, sans se préoccuper le moins du monde de la présence de Léontine qui, d'ailleurs, ne pouvait en aucune façon prendre part à ce scandaleux entretien.

Nous disons ; *ne pouvait,* — et nous le disons à dessein.

En effet, à dater du moment où pour la seconde fois, obéissant aux injonctions de la Belzébuth, elle avait vidé son verre, la jeune fille, entièrement absorbée par une sensation inconnue et délicieuse, se trouvait, sinon matériellement, du moins moralement isolée de ceux auprès desquels elle était assise...

Tout son corps éprouvait un calme absolu, un bien-être bizarre qu'elle ne se souvenait pas d'avoir jamais ressenti auparavant.

C'était quelque chose d'assez semblable à la jouissance d'un homme brisé de fatigue et qui se repose, étendu sur de moelleux coussins qui soutiennent toutes les parties de son corps et semblent les caresser.

Son esprit flottait dans un milieu qui n'était ni précisément la veille, ni précisément le sommeil, et que nous ne saurions mieux définir qu'en le comparant à l'état de charmante hallucination que procure le hatchich pris à très-faible dose.

Des visions indistinctes, mais gracieuses, passaient devant ses yeux à demi fermés; — des images à peine ébauchées, mais séduisantes et charmeresses, formaient autour d'elle une ronde qui l'isolait complétement de la réalité.

Dans ces visions, l'atelier de Maurice Torcy revenait sans cesse.

L'image du jeune peintre était la plus distincte de ces figures entrevues dans une brume transparente.

Les éclats de rire et les voix avinées des trois personnages qui se trouvaient à côté d'elle semblaient ne pouvoir traverser le cercle magique dans lequel elle s'enfermait, tandis qu'elle entendait distinctement la voix de Maurice murmurer à son oreille de douces et tendres paroles.

La tête de Léontine s'appuyait au dossier de sa chaise.

Ses yeux, à demi fermés, laissaient couler à travers leurs larges cils un regard alangui, d'une ravissante expression.

Ses lèvres entr'ouvertes souriaient et dévoilaient dans ce sourire l'émail éblouissant de ses dents.

Dans cette attitude et avec cette expression la beauté de Léontine était tellement radieuse que la Belzébuth, jetant par hasard les yeux sur elle, ne put retenir une exclamation d'étonnement et d'admiration, et interrompit net un récit du plus haut intérêt qu'elle était en train de faire à ses convives avec une excessive volubilité.

Et pourtant, Dieu sait que ce récit interrompu était tout palpitant d'intérêt !

L'entremetteuse, un peu lancée par ses nombreuses libations, narrait en termes choisis quelques-uns des principaux incidents de son existence aventureuse.

Elle se plaisait à ces confidences en qui, pour elle, se résumait une grande partie du charme des repas d'amis.

Que voulez-vous? l'excellente femme aimait à s'épancher après boire !... S'il est, en ce bas monde, un innocent plaisir, n'est-ce pas celui-là ?

Elle racontait, ce jour-là, — et Dieu sait si elle s'appesantissait sur les moindres détails, — elle racontait, disons-nous, ses débuts dans la carrière où elle devait s'illustrer plus tard.

Elle disait de quelle façon ingénieuse elle était parvenue à se procurer les premiers fonds indispensables pour s'installer d'une façon à peu près confortable et se commencer une clientèle.

Simple femme de chambre d'une femme du grand monde, mais élevée par son ambition légitime bien au-dessus de cette situation modeste, la Belzébuth, qui ne s'appelait alors que Justine, avait besoin de douze mille francs.

Comment arriver à palper cette somme ?
Voler ?

Justine y pensa, — mais le vol est dangereux, — et d'ailleurs on ne trouve pas tous les jours douze mille francs dans le tiroir de la table de toilette d'une femme du monde, si riche que soit cette dernière.

Et puis, pour faire usage de l'argent, la liberté est indispensable, et derrière la pensée du vol surgissait tout un horizon sinistre de cour d'assises et de réclusion.

Justine se mit à chercher.

Elle chercha si bien et si longtemps, qu'à la fin elle trouva une idée.

Cette idée était excellente, quoique d'une simplicité rudimentaire ; — mais on sait que les idées les meilleures sont en général les plus simples.

La femme du monde avait un mari. — Ce mari, officier général, et l'un des héros les plus illustres de l'héroïque armée d'Afrique, n'était nullement jaloux, mais il aurait très-certainement tué sa femme s'il avait eu non pas le soupçon, mais la preuve d'une infidélité.

Outre son mari, la femme du monde avait un amant. — Cela est souvent ainsi.

Avec toute cette naïve imprudence qui n'est

pas moins fréquente, la maîtresse écrivait à l'amant.

Or, on sait, — et ceci n'est nullement un paradoxe, — que les lettres d'amour, depuis l'invention du papier, et même depuis celle du papyrus, ont été destinées à être perdues, à être volées, enfin à être lues par toutes sortes de gens autres que celui à qui elles sont adressées.

Cette règle, absolument invariable, n'est confirmée, du moins à notre connaissance, par aucune exception.

Justine se trouvait d'autant mieux au courant de l'intrigue de sa maîtresse, qu'elle n'avait reçu de cette dernière aucune confidence.

Elle savait à merveille où se déposaient les mystérieux billets doux de la correspondance clandestine.

Il est bon d'ajouter que l'amant était l'un des frères d'armes du mari et l'un des amis les plus intimes de la maison.

Un beau jour, Justine s'empara de l'un des billets doux de sa maîtresse.

Elle le décacheta et le lut.

Il n'était point suffisamment compromettant pour l'usage qu'elle en voulait faire et le parti qu'elle désirait en tirer.

Elle le recacheta avec art et le remit à la place où elle l'avait pris.

Un second billet eut le même sort.

Un troisième se trouva beaucoup plus *corsé;* — il ne laissait à désirer quoi que ce fût, comme clarté et comme signification.

Ce dernier ne parvint point à son adresse, comme bien on pense.

Justine le mit en lieu sûr, après en avoir pris une copie.

Puis, munie de cette précieuse copie, elle choisit son jour et son heure pour frapper le grand coup.

Ce jour et cette heure arrivèrent.

Les yeux baissés, la bouche en cœur, l'attitude modeste et presque timide, la camériste entra chez sa maîtresse.

— Je ne vous ai point appelée, mon enfant, — lui dit cette dernière.

— Je sais que madame ne m'a pas fait cet honneur.

— Eh bien ?...

— Mais je voudrais parler à madame...

— Ah !...

— Si toutefois madame est assez bonne pour consentir à m'accorder quelques minutes...

— Je vous écouterai d'autant plus volontiers

que votre air solennel pique vivement ma curiosité : — voyons, qu'avez-vous à me dire ?

— J'ai à dire à madame que je vais avoir le bien vif regret de me séparer d'elle.

— Vous voulez me quitter, Justine ?...

— Avec un bien vif regret, je le répète, mais il le faut...

— Est-ce que vous trouvez une meilleure place ?

— Ni une meilleure place, ni une meilleure maîtresse, ce serait impossible...

— Mais alors ?

— Je suis décidée à ne plus servir.

— Que ferez-vous donc ?

— Je m'établirai... mes goûts me poussent vers le commerce...

— Mais, pour s'établir, il faut de l'argent.

— Oh ! je le sais bien ! — répliqua Justine en pinçant ses lèvres.

— Votre famille est pauvre... du moins je le croyais...

— Madame ne se trompait pas...

— Est-ce que vous venez d'hériter ?...

— En aucune façon.

— Mais, alors, cet argent indispensable, vous ne l'avez pas ?

— Non, madame.

— Eh bien ?...

— Mais je l'aurai...

— Vous parlez comme une personne sûre de son fait...

— C'est qu'en effet je suis sûre d'avoir cet argent, madame.

— Et qui vous le donnera ?...

— Très-probablement madame...

— Moi ?...

— Vous-même.

— Et combien vous faut-il ?

— Douze mille francs.

La jeune femme se mit à rire.

Justine fronça le sourcil.

— Il me semble, — dit-elle, — que madame ne me fait pas l'honneur de me croire ?...

Ces dernières paroles furent prononcées par la cameriste d'un petit ton sec et gourmé qui ne pouvait sembler convenable à l'oreille d'une femme du monde.

Cette dernière haussa les épaules et pensa que très-probablement Justine était devenue folle.

— Finissons-en, — dit-elle séchement avec hauteur. — Je vous dois une année de gages, c'est-à-dire six cents francs. — Je vais vous les donner, et vous serez parfaitement libre de me quitter aujourd'hui même, si cela vous convient.

Et elle se dirigea vers un petit meuble dans lequel elle enfermait l'argent de ses dépenses courantes. — Elle allait ouvrir ce meuble, quand Justine l'arrêta en lui touchant légèrement le bras.

— Qu'est-ce à dire? — s'écria la jeune femme en se retournant, hautaine et avec un commencement de vive impatience.

— Madame et moi nous sommes loin de compte, — articula nettement Justine. — Ce n'est pas six cents francs qu'il me faut, c'est douze mille...

— Décidément, mademoiselle, vous perdez la tête !

— Non, madame, — et la preuve, c'est que vous allez me donner l'argent que je viens d'avoir l'honneur de vous demander.

— Prenez garde, mademoiselle ! je vais croire que vous êtes complétement folle, et je sonnerai pour me faire délivrer de vous...

— Je ne vous le conseille pas, madame... Vous vous en repentiriez cruellement... mais alors il serait trop tard...

— Expliquez-vous, mademoiselle...

— Je ne demande pas mieux, madame.

— J'attends !...

— Rien n'est tel que de s'entendre: Vous vous figurez que je vous demande un cadeau, — là est votre erreur ; — il ne s'agit point entre nous d'un don, — il s'agit d'un marché.

— Vous avez quelque chose à me vendre ?

— Oui madame.

— Quelque chose qui vaut douze mille francs ?...

— Qui vaut plus, — mais je me contenterai de cette somme.

— En voilà assez. — Je ne veux rien acheter...

— Mais moi je veux vendre, — et si nous ne pouvons nous entendre, je m'adresserai...

— A qui donc ?...

— A votre amant d'abord, madame, et, à son défaut, à votre mari...

La jeune femme devint pâle comme une morte.

— Une pareille insulte !... — balbutia-t-elle.

— Oh ! il n'y a pas d'insulte, et vous voyez bien que vous ne parlez plus de sonner et de me faire jeter à la porte... — Vous savez parfaitement que je dis la vérité. — Ce n'est pas ma faute si cette vérité vous offense...

La jeune femme se laissa tomber sur un siége anéantie, et murmurant d'une voix éteinte :

— Oh ! mon Dieu !... mon Dieu !

Justine prit sur la toilete un flacon de sels anglais.

Elle apporta ce flacon à sa maîtresse en lui disant.

— Que madame veuille bien respirer ceci...

— J'attendrai que madame soit un peu calmée pour lui reparler de la petite transaction dont il s'agit...

La jeune femme commanda à son émotion et à sa terreur.

Elle se releva et elle dit :

— Finissons-en. — J'attends que vous me dévoiliez une infamie que je devine, mais que je ne comprends pas encore...

— Oh ! c'est bien simple ! — Regardez ceci.

Et Justine mit sous les yeux de sa maîtresse la copie du billet dérobé.

— Qu'est-ce que cela ? — demanda cette dernière, qui ne connaissait pas l'écriture.

— Lisez, madame.

La jeune femme parcourut les premières lignes et poussa un cri.

— A merveille ! — dit Justine, — je vois que maintenant vous comprenez...

— Malheureuse fille !... Comment cette copie se trouve-t-elle entre vos mains.

— C'est bien simple. — J'ai volé l'original.

— Ainsi, ma lettre?...

— Est en lieu sûr...

— Et c'est ce billet que vous voulez me vendre douze mille francs?...

— Précisément, et madame voit que ce n'est pas trop cher... — L'amant ou le mari de madame y mettrait bien volontiers plus que cela... — Mais je suis bonne personne, et d'ailleurs je n'ai qu'une parole...

La jeune femme fit quelques pas à travers la chambre, en cachant dans ses deux mains son visage pourpre de honte.

Au bout d'une seconde, elle s'arrêta devant Justine, et, laissant tomber ses mains le long de son corps, elle découvrit sa figure devenue tout à coup livide.

— Ainsi, — balbutia-t-elle, tandis que de grosses larmes ruisselaient sur ses joues, — vous voulez me perdre?...

— En aucune façon. — Que madame me donne les douze mille francs que je lui demande, et je me ferai un devoir et un plaisir de lui rendre son billet...

— Mais, ces douze mille francs, je ne puis vous les donner.

Justine se mit à rire ironiquement et avec incrédulité.

La jeune femme se tordait les mains.

— Madame ne peut pas me les donner ? — reprit Justine.

— Non !

— Ah !... et pourquoi ?...

— Parce que je ne les ai pas...

— Quelle plaisanterie ! — Madame est riche ; — madame avait plus de quatre cent mille francs de dot !...

— Mais vous savez bien que, si riche qu'elle soit, une femme ne peut se procurer une somme importante sans l'autorisation et sans l'assistance de son mari...

— Madame n'a qu'à s'adresser à M. D*** ; — je suis certaine qu'il fera ce sacrifice de grand cœur.

M. D*** était l'amant de la jeune femme.

— De l'argent !... de lui !... — s'écria cette dernière, — jamais !... jamais !...

— Madame préfère peut-être que je demande moi-même cet argent... — ce sera comme le voudra madame.

— Non ! non ! jamais !... — j'aime mieux mourir ! je veux mourir !...

— A quoi bon ? — cela n'arrange rien. — D'ailleurs, jeune et belle comme l'est madame, on ne peut pas mourir... — et puis, il est un autre moyen.

— Lequel, mon Dieu ! lequel ?...

— Madame a ses diamants...

— Les voulez-vous ?

— Oh ! non ! — Moi, je ne saurais qu'en faire ; — on m'accuserait peut-être de les avoir volés, et il me faudrait compromettre madame pour me justifier, ce qui me briserait le cœur... — mais le mont-de-piété s'en arrangera le mieux du monde, et rien ne sera plus facile à madame que de les retirer...

— C'est bien, dit la jeune femme, — demain vous aurez votre argent.

— Demain ; madame aura son billet.

Justine fit une révérence et sortit.

La camériste ne s'était point trompée dans ses petits calculs.

Son aimable chantage amena le résultat prévu.

Le lendemain, la pauvre jeune femme avait mis ses diamants en gage, et elle donnait douze mille francs à Justine en échange du fatal billet qui pouvait la perdre.

Ces douze mille francs furent la pierre fondamentale sur laquelle la future madame Belzébuth éleva l'édifice de sa fortune.

Tel était l'épisode émouvant dont l'entremetteuse narrait à ses convives les dernières péripéties, accueillies par les témoignages non équivoques de leur admiration sincère.

Nous avons dit plus haut qu'un regard jeté par hasard sur Léontine l'interrompit dans son récit.

— Mais regardez-la donc ! — s'écria-t-elle, — regardez-la, mes compères !... — a-t-on jamais rien vu d'aussi beau ?...

— Ah ! — répliqua Galimand, — le fait est que l'enfant z'est chouette !... quelque chose comme qui dirait dans les prix de ma Paméla.

— Laissez-moi donc tranquille avec votre Paméla, père Galimand, — dit l'entremetteuse avec vivacité ; — Paméla est une belle fille... Eh ? mon Dieu, personne ne songe à prétendre le contraire, mais à côté de Léontine, il ne faut pas parler d'elle...

— Hum ! hum ? — grommela Galimand fort peu satisfait, — ça dépend des goûts z'et des couleurs, ça, voyez-vous !... — je connais des particuliers z'huppés qui préféreraient Paméla.

Et d'abord elle est plus grasse, et c'est z'une raison cela.

Sans s'occuper des inutiles récriminations de Galimand, la Belzébuth poursuivit :

— Plus je regarde cette fille-là, plus elle me donne dans l'œil !... Je sens bien que si j'étais homme, je ferais pour elle toutes les bêtises de la terre !... — Mais comment donc avez-vous pu, père Léonidas, procréer un si bel enfant ?...

Léonidas passa la main sur sa longue barbe noire, mélangée de fils d'argent.

— Ah ça ! mais, — s'écria-t-il, — dites donc, ma petite mère, z'est-ce que vous croyez que la Providence m'avait pourvu d'un physique piqué de z'hannetons ?...

— Le fait est que, quand on vous regarde avec attention, on voit que vous avez dû être très-bien dans votre jeunesse...

— Sans compter que je le suis z'encore et que je ne chôme point de conquêtes...

— Tant mieux pour vous, mais, croyez-moi, vous n'avez jamais été si beau que la petite est belle.

— C'est z'encore tant mieux pour moi...

— Vous avez raison, — et je vous approuve d'envisager les choses sous leur bon côté !... —

Avec une fille comme celle-là, voyez-vous, il ne tient qu'à vous, d'être propriétaire dans deux ans...

— *Porpilliétaire!...* — ça me va!... — je veux z'un immeuble soigné z'et dans le grand genre!... Beau quartier, — porte cochère. — Je louerai toutes mes boutiques z'à des marchands de vin, — ils me payeront leurs loyers z'en consommation...

— Ah! v'oui... ah!... — dit Galimand qui commençait à se griser, — Voilllà z'une idée, z'et une fameuse... — Je prendrai z'un logement dans ton immeuble, ami véritable...

En ce moment, le timbre du tableau-horloge, qui n'était pas un des moindres ornements de la salle à manger de la Belzébuth, sonna une demie.

L'entremetteuse se retourna et regarda le cadran du petit clocher qui se profilait sur le paysage.

— Ah! fichtre! — s'écria-t-elle, — déjà neuf heures et demie!... Comme le temps passe cependant...

— Est-ce que le moment z'approche? demanda Galimand.

— Vaunoy sera ici dans une demi-heure...

Après avoir prononcé ces dernières paroles,

la Belzébuth toucha l'épaule de Léontine.

La jeune femme tressaillit comme quelqu'un que l'on arrache brusquement à l'assoupissement, ou plutôt à l'extase.

Elle attacha sur l'entremetteuse des regards qui semblaient ne pas voir d'une façon distincte.

Puis ses lèvres balbutièrent :

— Que voulez-vous, madame?...

La Belzébuth lui prit la main.

Cette main était tiède et moite comme celle de quelqu'un qui dort d'un profond sommeil.

— Comment vous trouvez-vous, ma petite? — demanda la Belzébuth.

Léontine parut faire un violent effort pour rassembler ses idées; elle répondit :

— Je me trouve bien, madame...

— Vous ne souffrez pas?

— Non, madame...

— Qu'éprouvez-vous ?

— J'ai la tête lourde, mais sans douleur, et il me semble que je voudrais dormir...

La Belzébuth versa dans le verre de Léontine un peu de ce vin muscat que nous connaissons.

— Buvez ceci, ma belle biche blanche, — dit-elle ensuite, — la lourdeur et le sommeil passeront aussitôt... comme si on les ôtait avec la main...

Léontine obéit.

— Eh bien ?... demanda de nouveau l'entremetteuse au bout de deux ou trois minutes.

Mais, cette fois, Léontine ne répondit plus.

Sa jolie tête se renversait de nouveau en arrière et ses paupières s'abaissaient sur ses grands yeux.

Elle cédait, sans le savoir, à un invincible sommeil.

— Le tour est fait ! — dit la Belzébuth.

— La farce est jouée ! — appuya Galimand.

— Pas encore, — riposta l'entremetteuse, — mais ça ne tardera guère...

Elle quitta son siége et fit signe à Galimand d'en faire autant.

— Maintenant, — lui dit-elle, — nous allons la soulever à nous deux et la porter dans le boudoir...

Puis elle ajouta avec un indicible sourire :

— Elle sera bien mieux là pour dormir, cette chère enfant...

— Compris ! — s'écria Léonidas en frappant avec son verre sur la table, si joyeusement et si lourdement que le verre qui n'en pouvait mais, se brisa en cinq ou six morceaux.

— Hé ! là-bas ! père Léonidas ! — fit l'entremetteuse à demi satisfaite, tout en soulevant son gracieux fardeau avec l'aide de Galimand. — Hé ! là-bas !... ne me détériorez pas mon service de table, s'il vous plaît !... — C'est du cristal fin, mon bonhomme, — trente-cinq sous le verre, savez-vous !... — Faut pas abuser de ce qu'ici la casse n'est pas personnelle !...

Et tandis que Léonidas, à peu près complétement gris, grommelait indistinctement quelques vagues excuses, l'entremetteuse et le père de Paméla emportèrent Léontine.

Le boudoir, — qui jouait comme nous le savons un grand rôle, sinon dans l'existence, au moins dans les moyens de fortune de la Belzébuth, — était disposé avec plus de goût que le reste de l'appartement.

Entièrement tendu de toile perse à fond gris-perle semé de grands bouquets de roses, il n'avait d'autres meubles que de larges divans, très-bas, qui faisaient le tour de la pièce.

Deux lampes, placées sur la cheminée, et dont les globes de verre rose dépoli adoucissaient les lueurs trop vives, l'éclairaient d'un jour faible et voluptueux.

De violents parfums saturaient l'atmosphère et devaient, au bout de quelques secondes, monter à la tête comme des vins capiteux.

La Belzébuth étendit Léontine sur l'un des divans et plaça deux ou trois coussins sous sa tête et sous ses épaules.

— J'espère, murmura l'entremetteuse, — j'espère que la voilà joliment bien pour dormir !... — Faudrait ne point connaitre le langage de la sincérité pour prétendre que je manque d'égards à l'endroit de mes invités... Maintenant, filons...

La Belzébuth fit deux ou trois pas pour sortir du boudoir.

Mais une réflexion l'arrêta, elle revint auprès de Léontine, enleva le peigne de la jeune fille, dénoua ses immenses cheveux blonds et fit ruisseler sur le divan leurs masses opulentes.

— Hein, père Galimand, — demanda-t-elle ensuite, — qu'est-ce que vous dites de ça ?...

— Je dis que v'là z'une chevelure que les coiffeurs du Palais-Royal z'et les merlans du passage des Panoramas payeraient z'un bon prix...

— Et vous avez raison, père Galimand, répliqua la Belzébuth ; — ces cheveux là, si on les coupait, vaudraient cinquante louis ! — Sur la tête de l'enfant, ils valent cinquante mille francs !...

— Cinquante mille francs!...

— Comme un liard. — Souvenez-vous de ce que je vous dis là, père Galimand!...

— Mais, en ce cas, Paméla...

La Belzébuth interrompit le vieux drôle.

— Laissez-moi donc tranquille, — lui dit-elle vivement, — vous êtes sciant, à la fin, parole d'honneur, avec votre Paméla!... — C'est bien d'être bon père, mais faut pas en abuser!...

— Je vous répète que Paméla est une belle fille et que je n'ai nulle envie de la *débiner*, mais qu'elle ne sera pas seulement digne d'être la femme de chambre de Léontine, quand Léontine sera lancée... — Sur ce, nous n'avons plus rien à faire ici... allons boire...

Cette conclusion ferma la bouche de Galimand, qui, poussé par l'amour-propre paternel, s'apprêtait à répliquer...

Il suivit la Belzébuth sans mot dire, et tous deux rentrèrent dans la salle à manger, où Léonidas les attendait en *tutogant les fioles*, ainsi qu'il le disait lui-même dans son langage coloré.

Dix heures sonnèrent.

Au moment où le timbre du tableau-horloge achevait de frapper la dixième heure, la sonnette de la porte d'entrée se fit entendre.

La vigoureuse *maestria* du coup de sonnette de la porte d'entrée annonçait un visiteur important.

— C'est lui ! — s'écria l'entremetteuse en se levant.

— Qui, lui ? — demanda Léonidas, de plus en plus ébriolé.

— Eh ! parbleure ! le *banquezingue !*... — Je cours le recevoir moi-même !...

La Belzébuth arriva dans l'antichambre au moment où la camériste venait d'ouvrir à M. de Vaunoy, plus guilleret et plus conquérant à mesure que l'heure de son triomphe approchait.

Elle amena le banquier dans le premier salon.

— Eh bien, ma chère Belzébuth ? — lui demanda-t-il.

— Eh bien, vous savez que je suis de parole et que, quand je promets une chose, c'est comme si c'était fait...

— Ainsi, tout marche ?

— Parbleure !...

— La petite ?...

— Est ici.

— Toujours aussi jolie ?

— Cent fois plus encore.
— Vrai ?...
— Parole d'honneur !
— Ah ça ! mais, vous me ravissez !
— C'est tout à l'heure, reprit l'entremetteuse, quand vous la verrez, que vous jubilerez incroyablement...
— Et vous croyez toujours ?...
— Quoi donc ?...
— Là... vous m'entendez bien... enfin, vous croyez que la petite...

M. de Vaunoy s'interrompit.

La Belzébuth se mit à rire.

— Vous comprenez ?... demanda le banquier.
— Oui... oui... je commence,
— Eh bien, alors, répondez...
— Et bien, je réponds qu'il ne s'agit point d'une affaire de pacotille ou d'occasion... je vous garantis la marchandise toute neuve et du premier choix !...
— Mais c'est invraisemblable, cela !...
— Je ne dis pas le contraire, mais, invraisemblable ou non, c'est exact.
— La petite est-elle prévenue ?
— Ah ! non, par exemple.
— Comment prendra-t-elle la chose ?...

— Il me semble que c'est de vous que cela dépend.

— Sans doute, mais...

— Mais quoi?...

— L'enfant est mineure...

— Après?...

— Vous êtes certaine qu'il n'y aura pas de risques à courir... pas de conséquence désagréable?...

— Ni risques, — ni conséquences. — Le père est là, ça répond à tout...

— Vous savez que je ne tiens pas à le voir, ce père...

— Soyez tranquille, vous ne le verrez pas.

— Voilà qui va bien, ma chère Belzébuth, — prenez ceci, je vous prie...

L'entremetteuse tendit sa main avide.

M. de Vaunoy y glissa un petit paquet de billets de banque.

— Je ne compte pas après vous, — dit-elle.

— Et vous avez raison, — il y a là précisément la somme que vous m'avez demandée...

— Oh! je sais que vous faites bien les choses.

M. de Vaunoy se caressa le menton.

— Où est l'enfant? — demanda-t-il.

— Dans mon boudoir.

— A merveille.

— Je ne vous conduis pas, vous connaissez les êtres...

— Comme si j'étais de la maison... — Je vole, porté sur les ailes de l'amour...

— Ah! un mot encore...

— Lequel?

— Ne vous étonnez pas si vous trouvez la petite endormie.

— Je la réveillerai, soyez tranquille...

— Peut-être aurez-vous un peu de peine.

— Comment cela?

— Je crois que son sommeil sera, ce soir, terriblement tenace...

M. de Vaunoy attacha sur la Belzébuth un regard interrogateur.

— Ah! ah! — fit-il, — elle aura le sommeil dur?...

— Je le crois, — répondit l'entremetteuse en riant. — D'ailleurs, quoi de plus naturel?... — la petite est si jeune et mon vin est si vieux!...

M. de Vaunoy fit un geste d'approbation qui prouvait clairement qu'il avait compris.

Puis il se dirigea vers le boudoir, dont la porte se referma sur lui.

I.

XIX

AU COIN DU FEU

Abandonnons si vous le voulez bien, pour quelques instants, les hôtes immondes du logis de la Belzébuth et transportons-nous dans une atmosphère plus pure, chez notre ami Maurice Torcy, ce même jour et à l'heure même de l'arrivée du banquier Vaunoy chez l'entremetteuse.

Gilbert et Maurice, assis en face l'un de l'autre, dans la chambre à coucher de l'artiste, savouraient délicieusement les voluptés, au nombre de cinq, que nous allons énumérer dans leur ordre :

1° Des siéges moelleux.

2° Un excellent feu.

3° Du thé parfait, sucré à point et relevé par quelques gouttes de vieux rhum.

4° Des cigares bien secs, brûlant avec une cendre blanche et ferme, répandant des parfums exquis, et provenant de la Havane où ils avaient été intelligemment et amoureusement choisis.

5° Enfin une amicale et intime conversation.

Pour ajouter une satisfaction machinale à toutes ces joies, Maurice tisonnait le feu, qui cependant n'avait nul besoin d'être excité, car le brasier de charbon de terre était ardent à satisfaire le plus frileux des Hollandais.

— Ainsi, — demandait-il à Gilbert, — tu n'es pas mécontent de ta journée?...

— Mécontent, mon cher! — c'est-à-dire que tu m'en vois enchanté! ravi!... enthousiasmé!...

— Allons, j'en suis joyeux.

— Et moi donc!... — Décidément, je soutiens que les gens mal intentionnés qui font courir le bruit que la carrière littéraire est d'un difficile accès, sont des gredins, des envieux et des langues de vipère!...

— Es-tu bien sûr de ce que tu me dis là?...

— Parbleu !

— Et tes preuves ?

— Les voici : — Je ne suis pas connu, moi qui te parle... j'imagine que tu ne feras aucune difficulté d'en convenir...

— Aucune.

— Eh bien, je n'ai été mal reçu nulle part...

Maurice se mit à rire.

— Pourquoi ris-tu ? — demanda Gilbert.

— Parce que ton enthousiasme est amusant !...

— Ah bah !...

— Tu me dis que tu n'as été mal reçu nulle part...

— Eh bien ?

— Eh bien, mon cher, de ton propre aveu, tu n'as encore frappé qu'à une seule porte...

— Eh ! les autres s'ouvriront aussi facilement... pour le moins...

— Souhaitons-le !...

— D'ailleurs, qui te dit que j'aurai besoin de m'adresser ailleurs ?

— De quelle façon l'entends-tu ?...

— Une fois ma comédie représentée au Théâtre-Français, j'attendrai tranquillement chez moi, sans me déranger le moins du monde, que les directeurs des autres théâtres viennent me demander des pièces...

— Ainsi, tu crois qu'ils y viendront?...

— Je n'en doute pas un instant. — Le succès est, pour ces messieurs, le plus infaillible de tous les aimants.

— Tu es donc certain du succès?...

— Ah çà! on dirait que tu n'en es pas sûr, toi!... — N'es-tu donc plus mon ami?...

— Allons! murmura Maurice entre ses dents, — allons!... encore un chapitre de la chasse aux chimères!... — Pauvre Gilbert!...

— Hein?... — fit le jeune homme, — tu dis?

— Moi?... Rien....

— Mais si...

— Je pensais à mon tableau, et, sans doute, mes lèvres, à mon insu, bégayaient ma pensée...

— A propos de tableau, — je me suis occupé de toi aujourd'hui...

— Ah! ah!...

— Et j'ai une bonne nouvelle à te donner.

— Une bonne nouvelle?

— Excellente.

— Laquelle.

— Celle-ci... Ah! mais, c'est une histoire...

— Eh bien, raconte-la.

— Oui, et d'autant plus volontiers, qu'elle n'est pas longue... — Tu sais, ma traite de mille écus... celle que ma mère a voulu me donner à emporter?...

— Oui... oui...

— Tu m'as tourmenté, et beaucoup, pour me décider à en aller toucher le montant...

— Certainement, et j'ai cru bien faire.

— J'ai suivi tes conseils.

— Tu as touché?

— Oui, — ce matin.

— A merveille... Peut-être ne tarderas-tu pas à reconnaître que j'avais raison d'insister.

— Nous verrons... — Je ne t'avais pas montré la traite, n'est-ce pas?

— Non.

— Alors, tu ne sais pas le nom du banquier sur lequel elle était tirée?...

— Qu'importe ce nom?...

— Il importe beaucoup. — Ce banquier est M. de Vaunoy. Tu as dû en entendre parler...

— Oui, comme d'un très-riche capitaliste qui fait des opérations immenses avec un bonheur constant.

— Or, ce M. de Vaunoy a fait jadis des affaires avec mon père...

— Quel rapport tout ceci peut-il avoir avec la nouvelle que tu m'annonces?

— Tu vas voir! un peu de patience, donc, sapristi!... — Or, la traite étant tirée de Brest, à mon ordre, le caissier, ne me connaissant en aucune façon, m'a prié de faire constater mon identité... — Il fallait venir te chercher.... te déranger... grand embarras... — En ce moment je me souvins des anciennes relations de mon père avec M. de Vaunoy, et je demandai tout simplement à parler à ce dernier... — On m'introduisit dans son cabinet et je trouvai un homme charmant, — un peu prétentieux peut-être; mais, au demeurant, très-agréable... Il me reçut à merveille, il me fit immédiatement donner mon argent; — il s'informa longuement de ma mère et il parut prendre le plus vif intérêt à ma position actuelle. — Bref, je lui ai raconté mes projets, mes espérances, et j'ai prononcé ton nom en disant que je logeais avec toi...

— Maurice Torcy! je connais ce nom-là... — s'est écrié M. de Vaunoy; — mais c'est un de nos artistes à la mode! — son talent est reconnu et apprécié de tout le monde...

— Ah! — m'écriai-je! — il ira loin!...

— Je le crois comme vous, — reprit le banquier; — puis il ajouta :

— S'occupe-t-il du portrait?

— Mais je le crois bien ! — répliquai-je un peu au hasard, car il est de fait que j'ignore si tu pratiques ce genre de peinture...

— Le moins possible, — interrompit Maurice.

— Une fois n'est pas coutume, et tu vas voir que j'ai bien fait de répondre affirmativement.

— M. de Vaunoy reprit :

— Votre ami est discret?

— Comme la tombe.

— Et il peint le pastel?

— Comme feu Latour.

— J'aurais pu nommer Giraud ou Muller, mais je venais de parler de la tombe, et j'étais bien aise de citer un mort... — D'ailleurs, je trouve qu'il est extrêmement littéraire de citer les morts plutôt que les vivants... — Est-ce ton avis?

— Oui ; d'autant plus que messieurs les critiques passent leur vie à se servir des morts pour assommer les vivants, et il me semble qu'il ne saurait rien exister de plus littéraire qu'un critique...

— Tu es dans le vrai.

— Continue.

— M. de Vaunoy ajouta : — Votre ami étant

discret et peignant le pastel, j'aurai très-prochainement le plaisir de lui faire une visite dans son atelier...

— Est-ce qu'il veut son portrait en berger trumeau, avec pannetière et houlette? — demanda Maurice en riant.

— Tu ris toujours, toi!...

— Où est le mal?

— Laisse-moi donc finir mon histoire... — Bref, M. de Vaunoy désire depuis longtemps, — m'a-t-il dit en confidence, — le portrait d'une jolie fille de sa connaissance. — Il te priera de faire ce portrait, et tu fixeras le prix toi-même; « car, a-t-il ajouté, — *je ne marchande jamais avec les artistes!* »

— Excellente habitude, et que je ne saurais trop approuver!...

— Tu comprends le mot de l'énigme?...

— A peu près.

— Il est évident pour moi que le vieux Céladon désire accrocher dans son cabinet l'image adorée d'une danseuse décolletée, et qu'aux yeux de sa femme il fera passer ton pastel pour une tête de fantaisie...

— C'est vraisemblable...

— Dis que c'est certain.

— Soit!

— La conclusion de tout ceci, c'est que tu recevras, demain ou après-demain, la visite de M. de Vaunoy.

— Il arrivera fort à propos.

— Est-ce que tu as besoin d'argent, par hasard?

— Le plus grand besoin; — ma caisse est à peu près à sec.

— Et c'est à moi que tu dis cela?

— Pourquoi pas à toi?

— Et tu me dis cela quand tu sais que je viens de toucher de l'argent ce matin!... Ah! fi!... — Est-ce que ce qui est à moi n'est pas à toi?

Maurice, touché de cette amitié si franche et si expansive, étendit la main pour serrer celle de Gilbert.

Il ouvrit la bouche pour lui répondre et pour le remercier, quand geste et parole furent interrompus par un bruit soudain.

La sonnette de l'antichambre retentissait convulsivement, et avec une violence telle qu'on eût dit qu'elle allait se briser.

XX

MAURICE ET LÉONIDAS

La pendule de la chambre à coucher indiquait onze heures et quelques minutes.

— Qui diable peut sonner de cette façon, à pareille heure?... — dit l'artiste en quittant son siége. — Je vais aller voir, car ce paresseux de Joseph est bien capable d'être couché!..

Maurice n'avait pas encore eu le temps de faire deux pas en avant, que la porte de l'atelier s'ouvrait violemment, et qu'une jeune fille pâle, échevelée, les vêtements en désordre, se précipitait, et tombait presque évanouie aux pieds de l'artiste.

— Léontine ! — s'écria-t-il avec stupeur.

— Sauvez-moi ! sauvez-moi ! — balbutia la pauvre enfant avec une profonde expression d'angoisse et de désespoir.

— Vous sauver !... — Quel danger vous menace ?...

— Il vient ! il vient !... il veut me tuer ! il me tuera !...

— Qui ? mais qui donc ?...

— Lui... lui... mon père.

— Le misérable !... où donc est-il ?...

Léontine n'eut pas la force de répondre.

Seulement, sa main tremblante désigna la porte restée entr'ouverte.

Par cette porte arrivait le bruit d'une dispute violente.

A ce bruit succéda le retentissement sourd d'un corps jeté avec force contre la cloison.

Puis Léonidas, tête nue, livide, hideux, entra ou plutôt s'élança dans la chambre.

A sa vue, Léontine poussa un gémissement faible et perdit complétement connaissance.

— Ah ! c'est comme ça que ça se joue ! — fit le vieux modèle en s'arrêtant, avec un ricanement sinistre, — excusez ! — Détournement de mineure !... plus que ça de correctionnelle !...

— Heureusement que papa z'est là !...

Maurice, sans paraître apporter la moindre attention à la présence de Léonidas, prit Léontine dans ses bras et la plaça sur un divan.

— Gilbert, — dit-il à son ami, que cette scène inattendue pétrifiait d'étonnement, — fais-la revenir à elle... — tu trouveras des sels anglais dans le tiroir du haut de ma table de toilette...

Après avoir prononcé ces quelques mots, le jeune homme se dirigea vers Léonidas et lui mit la main sur son collet.

— Bas les pattes ! — hurla le gredin en se débattant.

Mais Maurice n'avait garde de lâcher prise, et malgré la résistance énergique de Léonidas, il le poussa, ou plutôt il le traîna dans l'atelier, dont il referma la porte sur eux.

Là, sa main abandonna le collet de l'habit, mais après une si brusque secousse que Léonidas perdit l'équilibre et roula sur le parquet en criant à l'assassin.

Maurice alluma une bougie, et revenant au vieux modèle qui se relevait, non sans peine, il lui dit en le regardant bien en face :

— A nous deux, maintenant !...

— Qu'est-ce que vous me voulez, z'et pourquoi que vous me frappez, — grommela Léonidas, intimidé par la contenance énergique de son interlocuteur.

— Je ne vous ai pas frappé, je vous ai traîné ici, voilà tout, et vous allez me dire, mauvais drôle, qui vous a donné l'audace de maltraiter mon domestique et de pénétrer chez moi malgré moi !

Déjà Léonidas avait repris une partie de son effronterie impudente.

— Elle est bonne, celle-là ! — répliqua-t-il Depuis quand donc z'un père n'a-t-il plus le droit de chercher sa fille n'importe où, z'et quand est-ce, quand toutefois z'elle est mineure ?... et pourquoi donc qu'elle est chez vous z'à des z'onze heures du soir et *ménuit*?...

— Apparemment parce qu'il lui plaît d'y venir, et qu'il me convient de la recevoir.

— Et si ça ne me convient pas z'à moi ? et si je veux veiller sur les mœurs de mon enfant z'et sauver son innocence ?...

— Misérable ! — s'écria Maurice avec colère et avec dégoût.

— Ah çà ! dites donc, vous, pas de gros mots, s'vous plaît !... — j'en veux pas !... — c'est pas des sottises qu'il me faut, c'est ma fille !... — J'entends que Léontine va me suivre z'et réintégrer le domicile paternel...

— Vous voulez que Léontine vous suive ?

— Un peu, que je le veux !

— Pour la battre, n'est-ce pas ?...

— Possible.

— Pour la vendre, peut-être ?...

— Possible encore, — mais ça ne vous regarde pas... — Il me faut ma fille, z'entendez-vous, z'ou je crie et je fais du scandale !...

— Ah ! tu feras du scandale ?...

— Mais z'oui.

— Eh bien, je te préviens qu'au premier mot que tu prononceras un peu trop haut...

— Eh bien ?... — demanda Léonidas avec arrogance.

— Je te brise les os ! — acheva Maurice.

— Faudra voir ça ! — fit le vieux modèle en ricanant.

— Eh bien, tu le verras ! et plus tôt peut-être que tu ne penses !

Tout en parlant ainsi, Maurice s'approcha de l'un des trophées d'armes suspendues contre la muraille ; — il en détacha un *tomahawk* indien, et il le fit tournoyer au-dessus de sa tête.

— Excusez ! — fit Léonidas en se reculant avec terreur, — faut croire que c'est point z'assez de m'enlever ma fille unique, de déshonorer mon enfant !... faut z'encore m'assommer par-dessus le marché !... — Nous verrons si m'sieu le commissaire s'arrange de tout ça !...

— Ah ! tu parles du commissaire ?...

— Oui, j'en parle !... — Ah ! vous croyez que parce qu'on est z'artiste, — qu'on a de l'argent, qu'on est bien mis, z'on peut séduire z'une innocente jeunesse et z'assassiner un pauvre père de famille ! — Non ! non ! non !... pas de ça, Lisette !... Vous m'insultez, vous voulez me battre, parce que je suis z'un enfant du peuple !... — Z'allons donc ! tout *aristo* que vous z'êtes, vous ne me faites pas peur !... Ah ! mais non !

Maurice laissa tomber son arme.

— Va-t'en ! dit-il avec dégoût, — va-t'en, et ne remets jamais les pieds ici !...

— Oui, que je m'en vais... mais je reviendrai !...

— Jamais !...

— Pas plus tard que dans un demi-quart d'heure, z'avec le commissaire z'et des municipaux !... z'et nous verrons bien si j'ai pas le droit d'emmener mon enfant z'avec moi !...

— Ainsi, — fit Maurice d'une voix basse et concentrée, — décidément, tu tiens à ton idée de commissaire ?

— Mais z'oui, que j'y tiens.

— A merveille, et, dans ce cas, nous allons rire...

— Qu'est-ce que vous allez faire ? — demanda Léonidas inquiet.

— Tu vas voir !...

Maurice entr'ouvrit la porte de la chambre à coucher.

— Gilbert ! dit-il.

— Mon ami.

— Fais-moi le plaisir de donner à Joseph l'ordre d'aller chercher la garde..,

— A l'instant même, mon ami.

— La garde ! — balbutia Léonidas ; — pourquoi la garde ?...

— Pour arrêter un voleur.

— Quel voleur.

— Celui qui a pris dans cet atelier un porte-monnaie et une chaîne de montre...

— C'est pas moi !... — cria Léonidas, devenu blafard à force d'effroi.

— Tu diras cela au commissaire.

— Est-ce que je suis z'un filou, moi ?

— Oui, pardieu ! tu es un filou.

— Faut des preuves, pour accuser un honnête homme !...

— J'en ai.

— C'est pas vrai !...

I.

49

— Nous verrons cela tout à l'heure devant témoins.

— Connu ! vous voulez m'intimider, mais je ne suis pas coupable, et...

— Si tu ne m'as pas volé ma chaîne, — interrompit Maurice, — comment donc se fait-il que tu l'aies vendue à mon bijoutier de la rue Saint-Martin ?...

— Hein ? — fit Léonidas atterré.

XXI

LE REPENTIR DE LÉONIDAS

— Eh bien ! — s'écria Maurice, veux-tu toujours le commissaire, misérable ?...

— Hélas ! — balbutia Léonidas, — les z'apparences sont contre moi... mais je n'ai rien vendu...

— Encore ! — fit l'artiste avec impatience.

— Puisque c'est la vérité...

— Ah ! c'est la vérité !... — Hier au soir, en passant dans la rue Saint-Martin, j'ai reconnu ma chaîne à l'étalage d'un bijoutier... Je suis entré dans le magasin, et, sur ma déclaration que ce bijou provenait d'un vol fait à mon préjudice, le marchand s'est empressé de me donner la preuve de sa bonne foi en me montrant ton nom inscrit sur ses livres... Il avait fait payer à ton domicile... — Que peux-tu répondre à cela?...

Il devenait désormais impossible de nier.

Léonidas ne l'essaya pas, et changea immédiatement de tactique.

Il se précipita aux genoux de l'artiste, en feignant d'essuyer des larmes absentes, et il s'écria d'un ton lamentable :

— Monsieur Maurice, au nom du ciel, ayez pitié de moi z'et ne me perdez point!... — C'est la misère qui m'a poussé là!... c'était pour donner du pain z'à ma pauvre enfant...
— Monsieur Maurice, laissez-vous z'attendrir... empêchez que la garde ne monte et ne m'emmène...

Maurice ouvrit la porte pour la seconde fois, et, pour la seconde fois également, il dit :

— Gilbert !
— Mon ami ?
— Joseph est-il parti ?
— Pas encore...
— Eh bien, qu'il ne parte pas.
— Très-bien.

Maurice revint à Léonidas toujours agenouillé, et qui baissait la tête et courbait les épaules de l'air le plus piteusement hypocrite.

— Tu es une atroce canaille ! — lui dit-il, — et tu vois bien qu'il ne dépend que de moi de le prouver et de te faire passer en prison le reste de tes jours !... — J'ai pitié, non pas de toi, mais de ta malheureuse fille... — Ainsi, va-t'en ; mais souviens-toi que si tu maltraites encore Léontine, si tu la violentes en quoi que ce soit et pour quelque cause que ce puisse être, je te dénonce au parquet et je te fais arrêter incontinent ; — et cette menace, je te donne ma parole d'honneur que je l'accomplirai !... Quitte donc Paris, c'est ce que tu as de mieux à faire ; — ne t'occupe plus de ta fille, c'est ce qui peut arriver de plus heureux ; et comme je ne veux pas que tu meures de faim, prends ces cent francs et que je n'entende plus jamais parler de toi !...

— Suffit, m'sieu Maurice, c'est convenu... z'on s'y conformera... — balbutia Léonidas en se retirant.

Puis aussitôt qu'il eut franchi la porte de l'antichambre et qu'il se trouva sur l'escalier, il ajouta :

— Ah ! cré coquin !... cent louis du vieux z'et cinq du jeune ! — ça marchait z'un peu rondement !... J'étais sur le grand chemin de la fortune !... — Qué guignon que c'te p'tite bégueule se soit sauvée de chez la Belzébuth ! — J'allais z'être si crânement z'heureux !... — Ah ! bah !... après tout, faut pas encore se désespérer... — J'ai deux mille *balles* pour attendre !... Ce petit Maurice ne sera pas toujours z'amoureux !... — simple histoire d'un caprice d'un artiste pour un modèle. — Je connais la chose, — j'ai tant fréquenté les z'ateliers !... — En v'là pour six semaines... deux mois au plus... — L'caprice fini. Léontine me reviendra, et z'alors elle sera un peu plus délurée !... — Allons, décidément j'ai dans l'idée que tout ça finira bien pour moi et que je connaîtrai z'enfin la volupté de gobichonner, flâner, et nopcer z'à ma fantaisie, tout à mon aise, z'et sans m'*échigner* z'à travailler !

Et comme Léonidas, en terminant ce long et abject monologue, était arrivé à la porte de la rue et mettait le pied sur le trottoir de la rue Pigale, l'horizon séduisant qui s'offrait à ses yeux lui causa un ravissement si vif et si complet, qu'il se mit à ébaucher un ou deux pas de cancan fort bien réussis.

Pendant ce temps, Maurice et Gilbert avaient transporté sur le lit Léontine toujours évanouie, et lui prodiguaient les soins les plus empressés.

— Mon Dieu ! — s'écria l'artiste avec une profonde inquiétude, — elle ne reprend pas connaissance...

— Un peu de patience, donc !...

— Regarde comme elle est pâle... ses lèvres sont aussi bl... que ses joues !... on dirait que la vie s'est retirée d'elle.

— Et cependant, — répliqua Gilbert, — non-seulement son pouls bat, mais encore je suis sûr qu'il donne au moins cent pulsations à la minute... — C'est bien singulier !...

— Il faut envoyer chercher un médecin... — appelle Joseph.

— Veux-tu que j'y coure ? — j'irai plus vite que ton domestique.

— Oui, va, Gilbert, — tu me feras grand plaisir.

— L'adresse ?...

— Le docteur Maury, rue de Larochefoucauld, 24.

— Bien.

— Prends une voiture...

— Mais c'est à cent pas..

— Peu importe ! — ramène le docteur avec toi, — dis-lui que tu viens de ma part et qu'il y va de vie et de mort... — il quittera tout, — c'est un ami.

— Bien, dans un quart d'heure je suis de retour...

Et Gilbert sortit en toute hâte.

— Joseph, — dit Maurice en appelant son domestique qui se tenait dans la pièce voisine, — donne-moi de l'éther...

— Voilà, monsieur, — répondit Joseph en apportant le flacon demandé.

Puis il ajouta :

— Mais, monsieur, cette jeune fille étouffe dans sa robe, — il faudrait la dégrafer et la délacer...

— Tu as raison... vite... vite... des ciseaux... un canif... un instrument tranchant quelconque... et laisse-moi seul avec elle...

Maurice appuya sur les oreillers du lit la tête pâle et vacillante de la pauvre enfant, — il détacha les agrafes du corsage, — avec le canif que Joseph venait de lui donner, il coupa les lacets du corset et il dévoila les belles épaules et le sein virginal de Léontine.

Maurice avait vingt-huit ans à peine, — Léontine était adorable et les trésors de son corps charmant devaient, — on en conviendra sans peine, — attirer et fasciner les ardents regards d'un jeune homme.

Et cependant telle était la noblesse de la nature généreuse et chevaleresque de l'artiste, qu'il s'imposa la loi de ne point attacher les yeux sur ces charmes ainsi dévoilés, — il ne voulut voir, et il ne vit, en effet, ni ces épaules pures et nacrées, ni les divins contours de cette gorge de vierge.

Il accomplit son œuvre de charité et de dévouement avec une délicatesse et une pudeur de jeune mère soignant son enfant.

Ce qu'il faisait, il l'eût fait de même si la femme qu'il cherchait à ranimer eût été laide et disgracieuse, au lieu d'être belle et séduisante.

Un frère n'aurait certes point agi avec une chasteté plus absolue, et, si Léontine fût revenue à elle-même en ce moment, elle n'aurait pas eu à rougir de sa nudité presque complète, tant l'expression du visage de l'artiste indiquait clairement que toute préoccupation matérielle, que toute pensée sensuelle, étaient loin de son esprit.

Mais la jeune fille ne paraissait nullement près de reprendre connaissance.

Son évanouissement semblait s'être transformé en une léthargie qui annihilait complétement toutes ses facultés.

Maurice lui faisait respirer les sels les plus

violents sans obtenir le moindre résultat.

Enfin, — au bout d'un quart d'heure, — elle entr'ouvrit les yeux et fit un léger mouvement.

Ses lèvres balbutièrent quelques mots inarticulés et qui, à coup sûr, n'offraient point de sens.

Maurice, alors, appliqua sous ses narines un mouchoir imbibé d'éther.

Ce fut en vain.

Les yeux se refermèrent, — la tête, un instant soulevée, retomba.

Léontine reprit son immobilité léthargique et presque semblable à la mort.

XXIII

LE POISON

— Monsieur, on sonne, — dit à travers la porte Joseph que les multiples événements de cette soirée ahurissaient quelque peu, — faut-il ouvrir ?

— Certainement, — c'est Gilbert sans doute, avec le docteur, — répondit Maurice.

L'artiste ne se trompait pas.

Gilbert entra dans la chambre presque aussitôt en s'écriant :

— Voilà le médecin !

Il était suivi d'un homme de trente-cinq à quarante ans, porteur d'une belle et bonne figure, intelligente et bienveillante.

Maurice lui tendit la main.

— Qui donc est malade chez vous, mon cher ami? — demanda le docteur Maury.

— Cette jeune fille, — répondit Maurice, en amenant le médecin auprès du lit sur lequel reposait Léontine.

— Ah! ah!... une bien jolie créature!...

— Oui, charmante...

— Qu'est-ce que cette jeune fille? — Votre maîtresse, sans doute?

— Non, — c'est un modèle qui pose chez moi depuis quelques jours... une pauvre et excellente enfant, bien malheureuse et bien intéressante, dont je vous raconterai l'histoire plus tard...

— Depuis combien de temps dure cet évanouissement?

— Depuis à peu près une heure.

— A la suite de quels faits est-il arrivé?

— Je l'ignore...

— Ah!...

— Oui, — la cause de l'état dans lequel vous la voyez m'est inconnue... — Cette jeune fille, il y a une heure à peu près, est arrivée ici pâle, défaite, et après avoir prononcé quelques mots elle est tombée évanouie. — Elle était sous le coup d'une vive émotion et d'une profonde terreur.

— Quelqu'un la poursuivait-il?

— Oui.

— Un amant peut-être.

— Non, — Léontine est sage et n'a pas d'amant; — l'homme qui s'attachait à elle pour la maltraiter était son père. — Mais ceci se rattache à l'histoire de cette pauvre fille, que je vous raconterai.

— Voyons un peu, voyons... — dit le médecin.

Il prit un flambeau de la main gauche, et il se servit de sa main droite comme d'une sorte de réflecteur pour concentrer la lumière sur la figure immobile et livide de Léontine.

Maurice le suivait du regard, avec une vive et manifeste anxiété.

L'examen du docteur dura plusieurs secondes.

— Eh bien? — lui demanda Maurice.

— Eh bien, — répondit le médecin au bout d'un instant, — c'est très-grave!

— Ah! mon Dieu! — balbutia le jeune homme en pâlissant. — Est-ce qu'il y a du danger?

— J'en ai peur.

— Mais, quel danger?

— Regardez vous-même cette malheureuse fille, mon ami... — les yeux sont saillants et convulsés, — la pupille se dilate, — le corps éprouve des tressaillements nerveux passagers, — il y a assoupissement morbide et tous les symptômes d'une compression du cerveau ! — Voyez, les lèvres, les gencives, la langue sont livides, — la respiration est suspendue par l'immobilité du thorax...

— Et que concluez-vous de tout cela, docteur ? — demanda Maurice haletant.

— J'en conclus que cette jeune fille a été empoisonnée, ou s'est empoisonnée elle-même.

— Empoisonnée ! — s'écrièrent les deux jeunes gens avec stupeur.

— Oui.

— Vous en êtes certain ?

— Entièrement certain, et d'après les symptômes apparents et irrécusables, je crois même que je pourrais aller jusqu'à désigner le poison...

— Et c'est ?...

— C'est très-probablement le *datura stramonium* ou la belladone, la jusquiame ou l'opium, enfin, l'un de ces quatre poisons... — Dans tous les cas, j'affirme d'une façon absolue que la malade subit les effets d'un poison végétal, d'un narcotique...

— Docteur... docteur ! — s'écria Maurice, — vous m'éclairez, je comprends tout maintenant !...

— Que comprenez-vous ?

— Le père de Léontine est un misérable, — il voulait vendre cette malheureuse enfant, j'en suis sûr, et comme elle aurait résisté jusqu'à la mort, il aura tenté de l'endormir...

— Si cela est, il n'a que trop bien et trop complétement réussi !

— Ce danger dont vous parliez tout à l'heure est-il imminent ?

— Je ne puis répondre de rien.

— Docteur, vous me désespérez !...

— Que voulez-vous, mon ami ! je ne puis vous parler que selon ma conscience...

— Mais, au moins, vous n'allez pas abandonner cette pauvre fille ? Vous allez tenter quelque chose ?

— Je vais tenter tout ce qui est humainement possible ! — Tout ce que la science peut essayer pour la sauver, je l'essayerai !...

En ce moment, Léontine fit un mouvement brusque.

Elle se dressa sur son séant, — elle promena

autour d'elle des yeux hagards et qui ne voyaient pas, — elle porta ses mains à sa gorge, et elle murmura d'une voix rauque et méconnaissable :

— J'ai soif !...

Puis, immédiatement après, sa tête se renversa en arrière ; une violente convulsion roidit ses membres, comme si elle eût été en proie à un accès de tétanos ; elle poussa quelques cris inarticulés, et enfin elle fut prise d'un rire nerveux, étrange, inextinguible, effrayant par sa funèbre et sinistre gaieté.

Le docteur, qui ne la quittait pas des yeux, saisit sa main, qu'il trouva glacée, tandis qu'une sueur abondante inondait son visage.

— Ah ! ah ! — fit-il alors, — maintenant je ne doute plus, — je suis sûr de mon fait : — on a fait prendre de la belladone à la pauvre petite... — Vite, Maurice, vite, envoyez chercher de l'émétique...

— Cours, Joseph !... — s'écria Maurice.

— Un instant ! — fit le docteur, — l'émétique ne suffira peut-être pas. — Il faut encore quatre grains de sulfate de bioxyde de cuivre... Tenez, voilà l'ordonnance. Partez, maintenant, et courez toujours...

Joseph disparut.

Le docteur reprit :

— Maurice, vous avez de bon café, n'est-ce pas ?...

— Excellent.

— Préparez-en, et qu'il soit très-fort. — Quant à vous, monsieur (et le médecin s'adressait à Gilbert), — préparez-moi de l'eau acidulée avec du vinaigre, dans la proportion d'une cuillerée de vinaigre pour une demi-bouteille d'eau...

Cinq minutes après, Joseph était revenu.

Le docteur, à l'aide d'un verre rempli d'eau tiède, introduisit l'émétique entre les mâchoires contractées de la jeune fille.

Un quart d'heure se passa sans amener le résultat attendu.

Le docteur administra, — toujours dans l'eau tiède, — les quatre grains de sulfate de bioxyde de cuivre.

Aucun bon effet ne se produisit.

Maurice se désespérait.

— Que pensez-vous essayer encore ?... — balbutia-t-il d'une voix à peine distincte, tant son émotion le dominait.

— Je vais la saigner au bras et lui appliquer des sangsues aux tempes et derrière les oreilles pour accélérer le dégorgement des vaisseaux du cerveau... — Mais, je dois le dire, si cette fois encore nous n'obtenons rien, la pauvre enfant est perdue ! — Qu'on aille chercher des sangsues...

Gilbert se précipita au dehors.

Le docteur, aidé par Maurice, prépara les bandes pour la saignée, — fit les ligatures autour du bras, — ouvrit la lancette et piqua la veine.

Le sang ruissela d'abord lentement et goutte à goutte, puis il finit par jaillir comme un beau jet de pourpre.

Léontine ouvrit les yeux et respira plus librement.

— Allons ! — murmura le médecin, — allons, et que Dieu en soit béni ! je crois bien que nous la sauverons !...

— Que reste-t-il à faire ?...

— Combattre la somnolence par tous les moyens... — Vous vous ferez cette nuit veille et garde-malade, n'est-ce pas, Maurice ?...

— Oui, certes !...

— Et moi aussi, — ajouta Gilbert qui revenait avec les sangsues, — et je vous réponds bien, docteur, que ni lui ni moi nous ne fermerons l'œil, et que jamais malade n'aura été si bien gardée !...

XXIII

CONGESTION CÉRÉBRALE

— Eh bien, — poursuivit le docteur Maury, — administrez à la malade du café tous les quarts d'heure, — combattez le sommeil par tous les moyens, — je ne saurais trop insister sur ce point, car c'est essentiel...

— Soyez tranquille, — répondit Maurice, — tout cela sera fait.

— Je reviendrai demain matin.

— A quelle heure?

— Au point du jour. — Vraisemblablement cette nuit le délire surviendra, — ne vous effrayez point, — c'est une conséquence naturelle de l'empoisonnement par la belladone.

— Ainsi, docteur, vous continuez à croire à un empoisonnement !...

— Je vous répète que je fais plus que croire, — j'affirme... Ne pensez-vous pas qu'il serait urgent de connaître les auteurs de ce crime ?...

— Certes !...

— Qui soupçonnez-vous.

— Le misérable père de cette pauvre enfant, à coup sûr...

— Mais il doit avoir des complices...

— C'est probable.

— Et vous ne les devinez pas ?

— Non, — je ne connais aucun des gens avec lesquels Léontine peut se trouver en relations plus ou moins directes. — Il est évident pour moi qu'on a voulu employer contre cette enfant un vieux moyen de vieux mélodrames et de vieux romans, on a fait usage d'un narcotique dont on a mal combiné la dose. — Je comprends le but du crime, — mais quels sont ses auteurs ? — je l'ignore...

Le docteur allait répondre.

— Chut ! — fit Gilbert, — elle parle...

Les trois hommes se rapprochèrent du lit.

Léontine, chez qui la fièvre et le délire commençaient à se manifester, laissait en effet s'échapper de ses lèvres quelques phrases sans suite.

— C'est infâme !... — murmurait-elle, — vous voulez me perdre !... — Madame Belzébuth... ayez pitié de moi...

— Madame Belzébuth ! — répéta Maurice, vous avez entendu comme moi, — c'est bien là le nom qu'elle vient de prononcer ?...

— Oui.

— Quelle peut être cette femme ?...

— Cela ne doit pas être extrêmement difficile à découvrir, — répondit le docteur, — ce nom de *Belzébuth* n'est pas commun...

— Oh ! — s'écria l'artiste, — il faudra bien que je sache !... D'ailleurs, à défaut d'autres, il est un moyen infaillible...

— Lequel ?

— Celui de m'adresser au préfet de police...

— Vous avez raison ; mais ce parti est compromettant pour la jeune fille...

— Aussi ne l'emploierai-je qu'à la dernière extrémité.

Le docteur reprit son chapeau qu'il avait placé sur un siége en arrivant.

— Je pars, — dit-il ; — n'oubliez aucune de mes recommandations, et n'hésitez pas à m'envoyer chercher si vous croyez que ma présence ici puisse être le moins du monde utile.

— Soyez tranquille.

Maurice reconduisit le médecin jusque dans l'antichambre, puis il vint retrouver Gilbert, — et les deux jeunes gens, dont l'existence paisible venait d'être troublée subitement par un coup de tonnerre imprévu, prirent place au chevet de la jeune fille, sur laquelle ils se disposèrent à veiller.

Le lendemain, — ainsi que l'avait prédit le médecin, — les effets du poison, combattus par une médication énergique, avaient disparu.

Mais Léontine n'échappait à ce premier danger que pour se voir menacée par un autre aussi terrible, plus terrible peut-être.

Les émotions violentes, la terreur et le désespoir que la jeune fille avait éprouvés, déterminèrent une congestion cérébrale.

Le délire qui, un instant, avait paru sur le point de se calmer, reprit une intensité nouvelle.

Une fièvre ardente s'empara de la malade et ne la quitta plus un instant, et il fallut veiller nuit et jour à son chevet pour l'empêcher d'accomplir, dans ses accès de folie, les actes les plus dangereux pour son existence en péril.

Maurice avait installé une garde auprès de Léontine, et il s'était fait dresser un lit provisoire dans un coin de l'atelier.

La fréquentation de plusieurs étudiants en médecine avait donné au jeune homme quelques connaissances superficielles, qui lui permettaient de se rendre compte de la situation et de ne point s'illusionner sur la gravité de l'état de Léontine.

Cependant il espérait que ce corps si jeune, cette organisation vierge, finiraient par triompher du mal.

Léontine, on le sait, n'ayant pas repris le libre usage de sa raison depuis son premier évanouissement, n'avait pu donner à Maurice aucune explication relative aux faits qui avaient motivé une si terrible crise.

L'artiste avait fouillé Paris, à la recherche de cette madame Belzébuth dont le nom seul pouvait le guider.

Il n'avait rien découvert.

Gilbert, de son côté, n'était point resté inactif, mais ses recherches avaient été également sans résultat.

Bref, Maurice, reconnaissant son impuissance à se retrouver sans guide dans ce labyrinthe, allait s'adresser à la police, en désespoir de cause.

Ce qui le poussait à prendre ce parti, c'était bien moins le désir de poursuivre judiciairement les auteurs du crime auquel il supposait que Léonidas ayait contribué, — c'était bien moins ce désir, disons-nous, que la volonté de connaître les instigateurs des piéges précédemment tendus, et, par conséquent, de pouvoir éloigner de Léontine les périls à venir.

Un matin, le sixième jour après celui où la jeune fille avait été recueillie chez Maurice Torcy, — ce dernier, après avoir veillé Léontine pendant toute la nuit, éprouva le besoin de sortir un peu pour rafraîchir sa tête brûlante.

Il descendit donc la rue Pigale, puis la rue Blanche, s'engagea dans la rue de la Chaussée-d'Antin et traversa les boulevards.

Plongé dans un dédale inextricable de réflexions, il jetait çà et là des regards distraits sur les passants, qui le coudoyaient, et qui s'étonnaient de sa pâleur et de sa physionomie désolée.

Mais voici qu'au coin de la rue Neuve-Saint-Augustin ses yeux s'arrêtèrent par hasard sur deux hommes qui le précédaient de quelques pas, en marchant dans la même direction que lui.

Ces hommes étaient vêtus avec une recherché du plus mauvais goût, et prétentieuse jusqu'au ridicule absolu.

L'un d'eux portait une polonaise verdâtre, mal brossée ; un pantalon de couleur abricot, — un chapeau de soie à longs poils (de ceux qu'on appelle *bolivars*).

Il faisait tournoyer dans sa main droite une forte canne de bambou, avec toute l'aisance d'un professeur émérite de boxe et de bâton.

L'autre était vêtu d'un paletot bleu clair, décoré d'une passementerie noire sur toutes ses coutures.

Ce paletot avait des olives au lieu de boutons.

Un pantalon écossais, à très-larges carreaux de couleurs criardes, se mariait de la façon la plus harmonieuse avec le paletot.

Un chapeau cambré de forme et à bords retroussés, crânement incliné sur l'oreille droite, complétait ce costume.

Ces deux personnages, — avons-nous besoin de le dire ? — étaient Léonidas et Galimand.

L'artiste, habitué à voir le père de Léontine couvert de haillons, ne le reconnut pas d'abord. Mais les traits fortement caractérisés de cet honnête homme, et son immense barbe d'un noir bleu, ne lui permirent pas de douter de son identité.

Poussé par un secret pressentiment, Maurice régla sa marche sur celle des deux collègues, et les suivit à distance sans les perdre de vue un seul instant.

Léonidas et Galimand s'engagèrent dans la rue Neuve-Saint-Augustin.

Maurice les vit entrer dans une maison de belle apparence, située vers le milieu de cette rue.

Il attendit quelques minutes, afin de bien s'assurer qu'ils ne ressortiraient pas.

Ensuite il entra dans la maison à son tour.

FIN DU PREMIER VOLUME

TABLE

I. — Six heures du matin. 3
II. — Bonheur de se revoir 15
III. — Récit commencé 33
IV. — Le modèle 49
V. — L'armateur. 67
VI. — Les conditions . . . . , . . 84
VII. — Une répétition en province . . . 94
VIII. — Deux gredins 110
IX. — Entente cordiale 131
X. — Au Théâtre-Français 145
XI. — Léontine 164
XII. — Confidence. 176
XIII. — Une paire de pères 191
XIV. — Un banquier 199

TABLE

XV. —	Rue Neuve-Saint-Augustin . . .	218
XVI. —	La Belzébuth et Léontine	229
XVII. —	Le vin muscat	237
XVIII. —	Les débuts de Justine.	247
XIX. —	Un coin de feu	274
XX. —	Maurice et Léonidas	283
XXI. —	Le repentir de Léonidas. . . .	291
XXII. —	Le poison	299
XXIII. —	Congestion cérébrale	307

Saint-Amand (Cher). — Imp. de Destenay.

www.ingramcontent.com/pod-product-compliance
Lightning Source LLC
Chambersburg PA
CBHW071331150426
43191CB00007B/698